目次

入植地

本書では一九六七年の第三次中東戦争以降にイスラエルが占領地を既成事実化して領土拡大を図るため東エルサレム、西岸地区、ガザ地区（二〇〇五年撤退）に建設、承認したユダヤ人のための住宅およびその用地のことを指す。敷地内には農場や工場もある。国際法上違法であり、和平交渉を阻む一因ともなっている。エルサレム郊外やテルアビブとエルサレムの街道沿いなど「ベッドタウン」のような機能をもたされている入植地もあり、入植者には税制上の優遇や比較的安価に住宅を手に入れられるというメリットがある。

分離壁

二〇〇二年シャロン政権時に「パレスチナ人テロリストの侵入を防ぐ」という名目で建設が始まった高さ八メートル、全長約七〇〇キロメートルにもおよぶ壁。壁が建設されている場所の多くが第一次中東戦争の休戦ラインであるグリーンラインよりもパレスチナ側に侵食しているため、パレスチナの多くの町や村で土地が奪われ、壁によって周囲と分断されたコミュニティなどの問題が発生している。

本書に登場するビリン村では、村の土地に建設された入植地と分離壁反対のため二〇〇五年より反対デモを続けている。

ファタハ

パレスチナ民族解放運動。一九五七年パレスチナ解放を目指して結成された。初代議長はヤーセル・アラファト。一九六七年にPLO（パレスチナ解放機構）に加入。現在はアブー・マーゼン（マフムード・アッバース自治政府大統領）が率いる。PLO最大の組織であるファタハはイスラエルとの交渉を通じた「和平」を目指す「穏健派」と説明されることが多いが、ガザ地区と西岸地区の一部を「パレスチナ国家」とする「ミニミニ国家案」を受け入れる「和平」が「占領を常態化する」ものとして批判されてもいる。またファタハ率いる自治政府の汚職や腐敗が二〇〇六年の選挙でのハマース圧勝につながったということも指摘されている。

ハマース

イスラーム抵抗運動。一九八七年インティファーダ（民衆抵抗運動）開始後にムスリム同胞団パレスチナ支部を中心にアハマド・ヤシンらによって結成された。占領終結とパレスチナ解放を目指し、イスラエルとの和平交渉には反対している（現在は全入植地の撤廃、一九六七年第三次中東戦争以前の停戦ラインを国境とする、難民の帰還、エルサレムを首都とする主権国家などを条件に現実的な路線をとっているといわれる）。軍事部門がイスラエルへのロケットの発射など武装闘争をおこなうことから「テロ組織」または「イスラーム原理主義組織」と説明されることが多い。一方で医療、福祉、教育などの分野で草の根支援活動に力を入れてもいる。二〇〇六年のパレスチナ評議会選挙では圧勝したが、ハマースが自治政府の内閣を組閣後イスラエルはガザ地区を封鎖し、たびかさなる「集団的懲罰」のような空爆や軍事侵攻を繰り返している。

※本書では「イスラエル人」とは特筆していないかぎりユダヤ系、またはユダヤ教徒のイスラエル人を指す

※為替レートはそれぞれの当時のもの

それでもパレスチナに木を植える

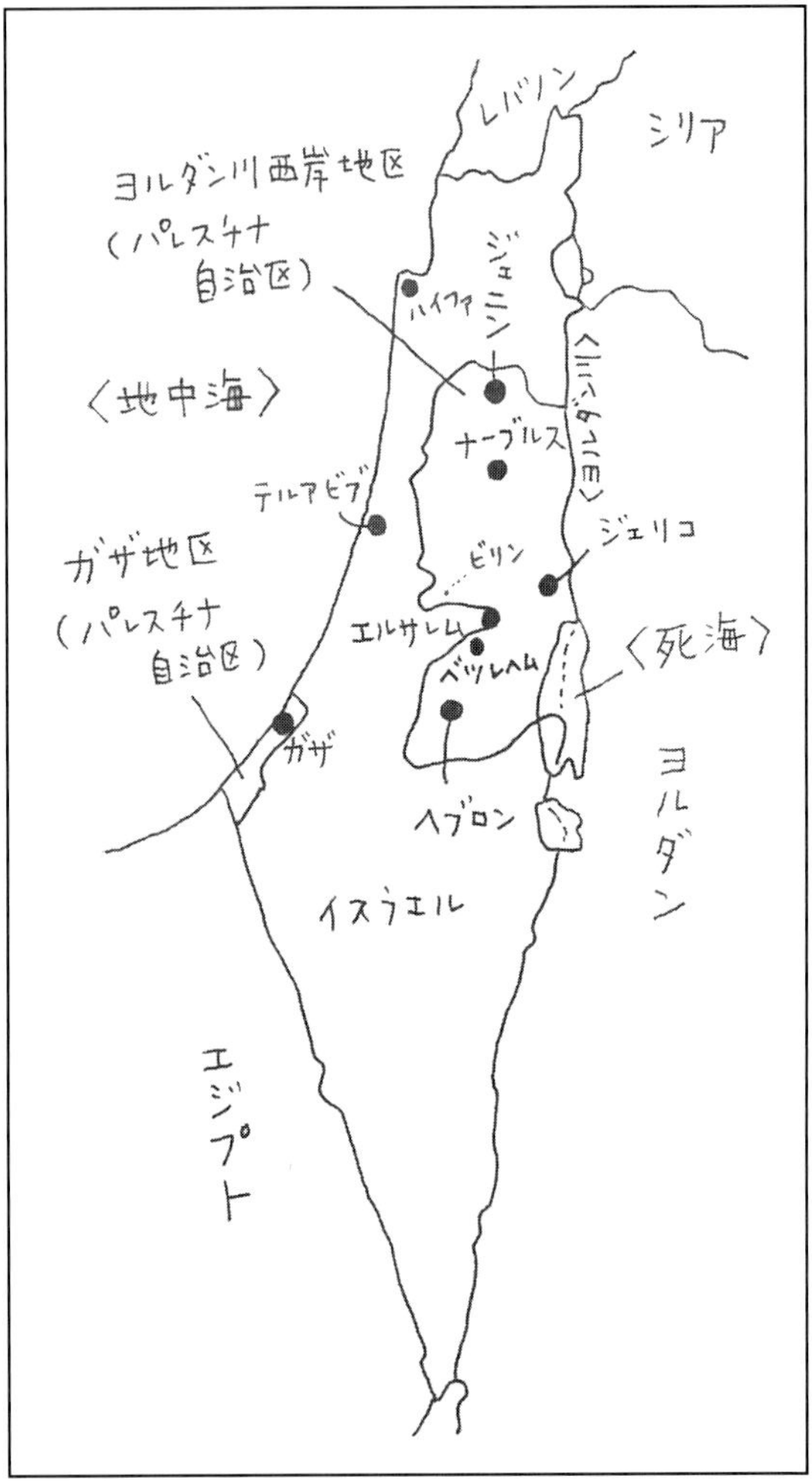

レバノン
シリア
ヨルダン川西岸地区
（パレスチナ
自治区）
ハイファ
ジェニン
〈地中海〉
〈ヨルダン川〉
ナーブルス
テルアビブ
ジェリコ
ガザ地区
（パレスチナ
自治区）
ビリン
エルサレム
〈死海〉
ベツレヘム
ガザ
ヨルダン
ヘブロン
イスラエル
エジプト

プロローグ

まだ二〇代の、初めてパレスチナに足を運んだころ、さかのぼって中東政治やアラビア語を学んだり、バックパックを背負ってカメラを片手に世界を旅してまわったり、エジプトに留学したりしていたころは、自分の行動や努力が「世界を変えられるかもしれない」と信じていた。願い続ければ、努力を続ければ、目の前の不条理な現状を変えられるのではないかと。キューバ革命の立役者のひとりで世界中の不平等と闘おうとしたチェ・ゲバラ、反グローバリズムを掲げ、虐げられてきたメキシコの先住民の権利獲得闘争を展開したEZLN（サパティスタ民族解放軍）のマルコス副司令官、第二次大戦中ノルマンディー上陸作戦に従軍して『ちょっとピンぼけ』を著したロバート・キャパはそんな私のヒーローだった。彼らのように「直接自分の行動で世のなかを変えたい」と願った。また「変えられる」と信じていたからこそ、どれだけ遠まわりであろうとも「きっとこのすべての経験が役に立つ日がくる」と、がむしゃらに片っ端から思いつきを行動にうつして生きてきた。

中学生のころ、戦車に向かって石を投げる自分と同年代のパレスチナの少年たちの姿を目にして、いつか彼らに会ってみたいと思いはじめた。「紛争地」の「現実」を自分の目で確かめたいと思った。テレビに映る「悲惨な境遇におかれた難民」「占領と闘う闘士」というイメージにいろどられたパレスチナ人を知りたいと思った。

写真と文章で「伝えること」を学び、パレスチナに向かった。ただ漠然とパレスチナを取り巻く不条理を「伝えること」こそが、自分のなすべきことだと頭でっかちに信じこんでいた。具体的になにを「伝えたい」のかわからないまま。そして私はパレスチナを「見た」ことで生じるよう(な気)になった「伝えることの責任」と、「伝える」方法もわからず、それをなしえない現実のはざまで、もがくばかりの二〇代だった。

パレスチナに再び戻り、何度も通うようになった三〇代、分離壁と闘うビリン村で「伝えなければならないこと」があるからこそカメラを手に取ったハムディとハイサムに出会った。彼らとの出会いで「なにかを伝えたい」という具体的な切羽詰った思いを抱く前にまずカメラやペンを手に取り、「カメラやペンで世界を変えること」を望み、そのテーマのひとつとしてパレスチナを選んだに過ぎなかった自分の姿に気づかされた。ようやく「伝えること」の意味を以前よりも真剣に考えるようになり、その意味をつかみかけてきたが、もはやそんな理屈を必要としないほど、自分にとってのパレスチナは「他人事」でも、おぼろげな「イメージ」でもなくなり、「家族」や友人知人の姿に変わった。その姿をとおしてパレスチナを語る前著『パレスチナ・そこにある日常』を上梓することで、パレスチナへの理解を深める、不条理な現状を変える一助となりたいと願った。

しかし四〇代のいま、自分がこの手法でどれだけパレスチナの人びとのことを伝えようと、封鎖され、占領された地で命も最低限の人権も守られず日常的に苦境に立たされている彼らの力にはなれず、かつてがむしゃらに信じていたように「信念をもって行動すれば必ず世界を変えられる」という確信はもてなくなっている。

ガザ地区では二〇〇八年、二〇一二年、二〇一四年とまた多くの人びとが殺され、封鎖をされたまま最低限の「当たり前の日常」を送ることすら困難な状況のなかで人びとは生かされている。前著を出版したあと、ビリンが舞台であるドキュメンタリー映画『壊された5つのカメラ』(イマード・ブルナート、ガイ・ダビディ監督)がアカデミー賞長編ドキュメンタリー部門にノミネートされて世界中にこの映画が広がってもなお、分離壁と入植地の建設は進み、抵抗する人びとへの弾圧により尊い命が奪われた。二〇一五年一〇月以降「一匹狼」

と呼ばれる組織の後ろ盾もない個人がナイフなどを手にイスラエル軍兵士や警察官や入植者を「襲い」、その場で射殺されるケースがあとを絶たない。本当にそのような意図があったケースだけでなく、兵士や警察官にそのように「みなされて」その場で超法規的に射殺されたケースも少なくない。イスラエルはますます右傾化を強め、「二級市民」として扱われるアラブ系住民（イスラエル国籍のパレスチナ人）の「一匹狼」に対しても同様に超法規的な「処刑」がなされ、「イスラエル国家に忠誠を誓わないアラブ系住民は斬首の刑に処すべし」と発言するような政治家が大臣を務める。パレスチナの人びとを取り巻く状況は、年を追うごとに、ますます悪くなっていると感じる。「自分にできることなどないのではないか」と感じてしまう。昨年（二〇一五年）、その思いをよりいっそう強くする「事件」が起きた。

「一匹狼」の「事件」が発生しはじめたころ、ジェニン難民キャンプの「弟」カマールのいちばんの親友の家が焼き払われた。彼が「ハマースの戦闘員」として捜索を受ける過程で、自宅に不在で投降を呼びかけても姿を現わさないことから、妻と幼い子どもたちがいるその家が焼き払われた。その親友の自宅の焼け跡の瓦礫をカマールが片づけている写真がウェブニュースに掲載されていた。その後、弟の親友が「殉教」を覚悟で抵抗に向かうと話す映像を観た。かつて彼はいつも自信満々で、生気に溢れていて、才能豊かで、快活に笑う青年だった。たった二年で、ひとはこんなに変わるものなのかと衝撃で言葉を失くした。映像の彼は、私が知っている彼とはまるで別人だった。視線は定まらず、青白く痩せこけ、滑舌も悪くなり、苦悶にみちた顔で「占領下で女性や子どもたちまで無差別に殺されていくことへの耐えられなさ」と「こんな現状に黙っていられないから銃を手に取り闘う決意をした」ことを語った。彼は「お尋ね者」になる前、イスラエルの軍事刑務所に収監されていた。彼が「殉教」したら、「殉教者ポスター」として使われるのであろう写真をよく見ると、銃を構える彼の前には、その一年半前に射殺された彼らの幼なじみハムザの写真が置かれ、銃弾でハムザの名が書いてあった。彼らの喪失と絶望を思う。彼と最後に会ったとき「今度自分が演出する舞台を上演する」と、出演する役者たちがウンザリするほど厳しく稽古に打ちこんでいた彼の姿が忘れられない。

その舞台のタイトルは『盗まれた夢』だった。彼らの夢はどこで「盗まれ」てしまったのだろう。彼らの人生を根こそぎ破壊する占領の惨さを思う。親や友や大切なひとを殺され、喪うなかで、彼らはそれでも前を向こうと必死に生きてきた。彼らだって本心では生きていたいはずだと思う。死ぬために生まれてきたわけじゃない。死なせるために産んだわけじゃない。でも占領下で屈辱に耐え、占領に甘んじて尊厳を売り渡し、すべてを我慢して、飲み込んで生きるということが「生きている」ということではないのだと、彼らに何度も諭されたことを思い出す。

あの地で居候として暮らしてみなければ絶対にわからなかったこと、それは、「テロリスト」とされて射殺されていく「武装組織の戦闘員」たちも、誰かの大切な息子で、夫で、お兄ちゃんで、誰かの大切な友だちだということ。その大半は特別に過激なひとでもなんでもなくて、当たり前に笑っていた、優しい近所の兄ちゃんだったこと。そんな彼らを追いこんでいく占領の不条理さ残酷さの前に私は立ち尽くしてしまう。「またね」と手を振った別れが永遠の別れになってしまった何人もの弟の幼なじみたち。「すべてを飲み込んで生きろ」なんて決して言えないけれど、でも生き抜いてほしい。「占領に甘んじて生きながらえるより、抵抗の末の死を選ぶ」と語る息子と「どんなにみっともなくてもいいから生き抜いてほしい」と語る母親。なにをすれば、こんな母子の会話をなくせるのだろう。そして無力感に打ちひしがれそうになる。私にはこんな母子の会話がここにあることを伝えることくらいしかできそうにない。苦しみも悲しみも喜びも絶望も希望もすべてが鋭角に表出するこの場所で生きているひとの姿を伝えることしか。それがなにになるのかもわからないままに、手探りのままに。

それでもなお私はパレスチナにかかわり続け、パレスチナの人びとの姿を伝え続けたいと思う。たとえ自分が生きているあいだに目に見えてすぐに事態が好転することがなくても、直接なにかを変えることはできなくても、こうした彼らの努力や思いを次のひとへとつないでいくことこそが、自分の果たすべき役割だと思うようにもなった。自分が伝えることで、この思いを誰かが受け継いでくれるかもしれない、いつか事態が好転するための小さな礎の一端になれるかもしれない。

私が実際に出会う前に抱いていたような「悲惨な境遇にあるかわいそうな難民」「自由のために闘う闘士」というイメージも、「恐ろしいテロリスト」という流布されたイメージも、その極端なイメージのどれもが等身大のパレスチナの人びとを理解することを阻んでいるという気がしてならない。美化されることなく、またことさらに悲惨さだけを強調することなく、事実としての彼らの苦難を丹念に拾いあげつつも、そのなかで強く、たくましく、美しいものをみつめようとする彼らの姿を伝えたい。「パレスチナ問題」というイメージにつきものの「小難しい」国際政治の話としてではなく、地理的には遠いはずなのに、なぜか近くに感じる「近所のおじさん、お姉さん」の話のように。それこそが、私の「知る」パレスチナの人びとの姿だからだ。ただの数でもイメージでもない、それぞれ違う名前も個性も人生もあるひとりひとりの背負うパレスチナ「問題」こそ、私が伝えたいことなのだと、長い年月をかけてようやく気づいた。

二〇〇九年以降たびたびパレスチナの人びとのもとを訪ねているが、それは西岸地区と東エルサレム、イスラエル国内に暮らす人びとに限られている。いまだにその方法をみつけられず、ガザの人びとのもとを再訪することができていないことの罪悪感は、私の心に澱のように溜まり続けている。二〇〇一年に別れたきりの友人ハーゼムは生きているのだろうか？　いつもSNSで交流を続ける「友人」ホサームはどんな暮らしをしているのだろうか？　ホサームは「いつかミカとガザで会える日を楽しみにしている」と言う。友人を自由に訪ねる、ただそれだけのことすら叶わないのが封鎖されたガザの現状である。「車でたった一時間ほどのガザ地区が宇宙よりも遠く感じる」とエルサレムの友が言う。

本書は二〇一一年から二〇一四年にかけての主にパレスチナ西岸地区、東エルサレムの記録である。

二〇一一年

分離壁反対運動を続けるビリン村の居候先の「弟」ハムディから「二月一日のアンマン発の飛行機を押さえた。その数日前にはビリンを発つよ」とメッセージが入った。

「ここには家族、友人、大切なものがすべてである。でも、それは占領によって台無しにされてしまった。自分の夢や希望をもちながらここで生きていくのは難しい」と語ったハムディは、どんな思いで故郷での最後の日々を過ごすのだろうか？　あわててパレスチナ行きの準備をした。

ハムディとアブーラハマ家

「家族」との再会

一年ぶりに車窓から見渡す東エルサレム。シェイクジャラ地区では、家を追い出されたナーセルさんたちが抗議の座り込みをしていた住宅跡は、誰も立ち入ることができないようフェンスが張り巡らされ、新たな入植地建設の準備なのか建築資材が積んであった。

東エルサレムの入植地とエルサレム中心部を結ぶためのトラムがすっかり完成していた。そのトラムは東エルサレムのアラブ人地区ベイトハニーナやシュアファットを走る。「アラブ人地区を通すことが目的じゃない。その先にある入植地へと結ぶため、しかたなくこのあたりを通さざるを得ないんだよ」と東エルサレム在住の友人に教えられた。

ベイトハニーナを越えると巨大な分離壁が延々と続く。この分離壁によって東エルサレムと西岸地区が分断されている。カランディヤ検問所を越えて西岸地区に入った。


ビリン村の「実家」アブーラハマ家を目指した。一家の長男ハミース、三男ヘルミー、次男ムスタファの妻サブリーン、ムスタファの息子ヤジード、妹たちイクラーム、イルハームが迎えてくれた。しばらくして家畜の放牧からパパ（ファトヒ）とママ（バスマ）が帰ってくる。ママの大きな懐に抱かれ、そのぬくもりをたまらなく懐かしく感じるが、ママの視線が定まっていないことに衝撃を受けた。この一年間ハムディの出発を受け入れられずに泣き暮らす毎日で、ストレスから持病の糖尿病と高血圧を悪化させ、視力がほとんどなくなってしまっていた。

起きてきたハムディに秋に出版した『パレスチナ・そこにある日常』を手渡した。表紙の写真はハムディとママ。「ミカを誇りに思うよ」と抱きしめて喜んでくれた。「ひょっとして俺、日本では有名人？」と笑うハムディ。この笑顔に出会ったから、この本ができた。

悲願の新居

次男ムスタファが建設中の新居の周りに木々の苗を植えはじめた。ムスタファはそれまで入植地での建設作業、いわゆる「出稼ぎ」で生計を立てていた。

彼も結婚前は、積極的に分離壁反対運動にかかわっていた。アブーラハマ家は分離壁建設予定地フェンスからも近く、フェンスによって農地を向こう側（イスラエルの入植地）に組み込まれてしまった。五人の息子たちは、それぞれ積極的に反対運動にかかわっていた。怪我をさせられ、逮捕され、深夜にイスラエル軍に急襲されようとも。

しかし、パレスチナ自治区のなかに産業が育っておらず、十分に雇用が創出されていない現状では、手っ取り早くお金を稼ぐために入植地やイスラエル領内に働きに行かざるを得ない。そのためには、労働許可証と引き換えに反対運動からは身を引かなくてはならない。理想と現実のはざまで人びとは苦渋の選択を迫られる。

アブーラハマ家の住居は、二階にパパとママの寝室、キッチン、バスルーム、応接間兼ハミースの寝室、ヘルミー、ムハンマド、イクラーム、イルハームの四人が寝起きする寝室の四部屋からなる。ハムディはイスラエル軍の村への侵入を撮影するために夜中に出入りすることが多いので、一階に独立した部屋をもっている。その部屋の横にもうひとつのドアがあり、寝室兼居間、バスルーム、キッチンがムスタファとサブリーンとヤジードが暮らす家。パレスチナでは結婚に際して男性が新居を用意してから結婚となるが、ムスタファが用意した「新居」は、かつてパパとママが新婚のころに使っていた古くて狭い家だった。その後パパは長いあいだイスラエル領内で「出稼ぎ」をしてお金を貯め、現在の住居である二階部分を増築した。ムスタファ一家が暮らす一階は、隣に家畜小屋を建てたため、部屋には陽の光もさし込まず日中でも暗い。

ムスタファにとって、本当の新居を建てることは悲願ともいえる。「ヤジードに子ども部屋を、サブリーンに明るいキッチンやバスルームを」と、懸命に新居を建てていた。あとは内装を仕上げるだけという段階で、入植地での労働許可証を更新できず失業、新居の建設どころではなくなってしまった。

彼は一家の敷地内で鶏やウサギを飼いはじめ、それを販売して食いつなごうとした。ムスタファは口数も少なく眉間にしわを寄せていることが増えた。新居づくりの中断が彼の心に影を落としていた。

この日は、久々に新居に手を入れようとしていた。たくさんの苗木を買って、庭にひとつひとつ丁寧に植えていった。ローズ、オリーブ、アンズ、アーモンドと、新居が完成し、庭に花が咲く日のことを思いながらスコップで土を掘った。

その庭先からイスラエル軍のジープが村に近づいているのが目に入った。「日中にも頻繁に入ってくる」と、それを厳しい目でみつめるムスタファ。その脇でまだ小さなヤジードがおもちゃのラッパを吹きながら「フリー、フリー、パレスタイン！」と覚えたての英語で叫んだ。

ハムディ、出発の日を告げる

ママは文字どおり日々泣き暮らしていた。夜は眠れず、ストレスと寝不足でつねに頭痛を訴え、悪化する糖尿病の影響で「体中が痛い」と涙を流した。以前は明るくて潑剌としていたママの顔から笑顔が消えた。「心のどこかでは、母親としてハムディを理解して、こころよく送り出してやらなきゃいけないとわかっている。でもどうしても受け入れられない。ここで暮らしていれば、ハムディが困ったとき、助けが必要なとき、その方法を一緒に探せる。母親として全力でハムディの助けになれる。でもドイツへ行ってしまったら、私にはなにひとつしてあげられない。そのことを考えると頭がおかしくなりそう」と泣く。ママの手を握り、温めたオリーブオイルを痛む足に塗ってマッサージを施しながら話を聞くことしか、私にしてあげられることはなかった。

ある朝、めずらしく体調のよさそうなママが日の差すバルコニーに座り「エフナ　ミシュ　イルハービーン　エフナ　シャアビル　ホッレイヤ（私たちはテロリストじゃない、私たちは自由な民衆）」と即興の鼻唄を唄いだした。「ミカには自由があっていいね。『パレスチナには自由もない』」と、ハムディがここを去るのも無理のないことだと心のどこかではわかっている」とつぶやいた。


ママの様子を心配して、近くに住むママの弟たちが家を訪ねてきた。村のなかで商店を営む二番目の弟シャハラーン、大学講師の三番目の弟バスマン、オランダの大学院を出て現在はエンジニアとして勤めている末の弟アドナン。それぞれ英語が上手で高学歴なママの弟たち。末の弟とは親子ほども年が離れていて「兄弟たちはみんな姉さんに育ててもらったようなものだ」と話した。目を細めながら嬉しそうに弟たちの話を聞くママの姿は、いつになく幸せそうに見えた。

ママの実家ヤシン家はビリン村でもっとも古い家のひとつ。その家の長女、第一子として生まれたママは、馬を乗りまわし、家畜を追い、農地での仕事を切り盛りし、弟や妹の面倒を見ながら大きくなった。自他ともに「そこらの男には負ける気がしなかった」というくらい気が強く、たくましく育ったママは、母親とともに一家の家事を担う役割を期待された。昔のママを知る人に聞くと「かつてのインムハミースの迫力は、それはもう大変なものだった。あの人は村中でいちばん強い女性だと評判の人だった」と誰もがそう語った。

「うちのお父さんはけっこうな土地持ちで、お父さん自身はただの農民だったけれど、息子たちにはみんなに教育の機会を与えた。でも私たち娘には教育の機会も自由も与えてはくれなかった。家事をして、弟たちの面倒を見て、それだけの毎日だった。弟たちのことはかわいいけれど、いつも自由な彼らがうらやましかった。怒りにも似た気持ちを抱いていたこともあった」とママは語った。「私が自由というものを味わったことがあったなら、弟たちのように教育を受ける機会があったなら、ハムディを理解してあげられたのだろうか？　こんなに遠く離れたところにいる娘を理解してあげられるミカのお母さんがうらやましい。泣いてばかりいる自分が悔しい。だんだんハムディを訪ねてくる外国人の子に対して笑顔で迎えてあげられなくなっている自分が情けない。この村に外国人が来るようになったからハムディが外国へ行くことを選んだんじゃないかと、どうしても考えてしまう」と泣いた。

そんなママを横目に、パパは相変わらずたんたんと自分の「日常」を守っていて、とくにハムディの出発に対してなにも語ることはなかった。ふだんから無駄口をいっさいたたかない人である。黙々と農作業をこなし、愛用の古いラジオに耳を傾け、煙草をふかす姿は、この騒動が起きる以前とまるで変わっていなかった。そんなパパに向かってママは「パパはこんな役に立たない奥さん（自分のこと）は棄てて、再婚を望んでいる」と、しばしば挑発していた。パパはイエスともノーとも言わずに笑って煙草をふかしていた。感情的なママの言動にもまったく動じず自分のペースを守り続けるパパのことを、本当に懐の深い人だとつねづね感じていた。

パパにとってママは二人目の妻。最初の妻は長女イクティハールと次女ファトヒーヤのふたりの幼い娘をのこして、若くして病気で亡くなってしまった。ママはパパから結婚の申し込みの話が来たときには、幼子を二人抱えた男性の後妻になるなんて気が進まなかったという。しかし家が決めた結婚にママの意思はあまり問われなかった。よほどの理由がないかぎり、結婚の申し込みを断ることは「エイブ(恥)」だとされた。それがその当時の結婚というものだった。

それから三十数年、ふたりは一緒に過ごしてきた。幼かった連れ子の二人の娘は「自分が産んだ娘と思って育ててきた」。長女も次女も、ママのことを「大切に育ててくれた、かけがえのないお母さん」と語る。その後、夫妻は五男三女に恵まれた。

村の変化

同じ家で暮らしていても、一日たったの数分しかハムディと顔を合わさない日が続いていた。ふたりで村を散歩するのは久しぶりのことだった。「ドイツに行ったら、きっとこのすべてが懐かしくてたまらなくなるんだろうな」とハムディは村の景色をカメラに収めた。私はそんな彼の姿をカメラに収めた。

しばらく歩いていると、前方から杖をついた遠い親戚のおばあさんが歩いてきた。おばあさんのブラウスの胸元には伝統的なパレスチナの刺繡が施されていた。そのブラウスの美しさを褒めると「昔は自分が着る服には、必ず自分で刺繡をしたものだよ。若い娘たちは、それぞれの村や家に伝わる刺繡を家族から習ったもんだ」と話した。既製品が伝統的な刺繡入りの手縫いの服を駆逐してしまったのは事実だが、女性たちが刺繡をする伝統だけはいまでもパレスチナに残されている。それは一部ではクラフトとして売られるためではあるが。

以前パレスチナの男性たちは「自分の妻や娘の刺繡を売るなんて自分の妻や娘を売るようなもの」

と女性たちが刺繍を売ることに反対したものだったという。しかし難民となったり、農業で糧を得ることが困難になったり、失業率の高いパレスチナで女性たちはなんとか収入を得る道を探した。こうしてあちこちの村々で伝統的な刺繍を施したクラフトが売られるようになったという。ビリンでも分離壁反対運動を担う委員会ＦＦＪ（Friends of Freedom and Justice 正義と自由の友）などが女性たちから刺繍を買い上げ、それをポーチやコインケースなどに仕立てて売っている。外に働きに行くことも難しい女性たちにはほとんど唯一の収入源で、どこの家庭にお邪魔してもみんな時間をみつけては、せっせと刺繍に励んでいる。

ＦＦＪに刺繍を売る場合、糸や土台となる布やデザイン図はＦＦＪから提供される。家事などのあいまに時間をみつけて根をつめても二〜三日はかかる約一五センチ四方のもので、手間賃は一五シェケル（約三〇〇円）ほど。それをクラフトに仕立て上げて五〇シェケル（約一〇〇〇円）ほどで販売する。ＦＦＪには分離壁反対の活動費を賄うために資金が必要であることも理解できるし、女性たちも刺繍を通して分離壁反対運動を支えている誇りもあるだろう。しかし女性たちの手間賃が思いのほか少額な気がして複雑な気持ちになった。

このころパレスチナの女性たちに大人気だった「モハンナド」という男性が主人公のトルコ製のメロドラマの放映に夢中な妹たちを横目にベッドで本を読んでいると、ふとカバンの中身が前年同様またグチャグチャにされ、レッグウォーマーが履き散らかされ、化粧品もグチャグチャに使われていることに気づいた。それまで何度も注意をして、お願いもして、自分自身も必要最低限の物しかこの家に持ち込まず「そんなに化粧品が欲しいのなら」と、必ずメイク道具をお土産としてプレゼントしている。今回の滞在の初めにも、前回メイク道具を盗まれた教訓から「なにを使ってもいいけど、勝手に使わないで。ましてや私の大切なものを盗まないで」と言い渡した。そのときにも「使ってない、盗んでない」と答えた妹ふたり。埒があかなかった。そしてまた同じことが起きた。

大切なテレビ番組を観ているのにと、あからさまに迷惑そうな顔で「私じゃない。昼間家にいなかったから知らない」「誰かが勝手に入って来て使ったんじゃないの?」とふたりでシラを切る。あまりに頭に来るので「何回言ったらわかるんだよ、いいかげんにしろよ」と吐き捨て、行き先も告げずに家を飛び出す。

家を出たのはいいけれど実際には行くあてもない。途方にくれながら道をトボトボ歩いているとハムディに会った。ふたりでジャマエイヤに向かった。街灯もほとんどない暗い夜道は、不思議といろんなことを話しやすかった。日々を過ごすなかで、ビリンの人たちの心がなんとなく変わってしまったように思えること、入り込めば入り込むほど、私が立ち入ることで生じる摩擦も大きくなってきているように感じること、ハムディの決断を尊重しているけどやっぱりママのことを考えると辛いことなどを、とりとめもなく語った。

その数日前、ママと近所の人たちの会話を小耳にはさんでいた。その人たちは「病気の母親を顧みずに外国へ行ってしまうなんて薄情な子だ」とママに向かってハムディのことを責めていた。それを聞かされて心を切り刻まれるのは、ハムディではなくママだった。「この村の人たちは、他人の噂話ばっかり。少しでも自分たちと違う行動をとる人間をみつけては、悪口、噂話で総攻撃。そういうくだらなさにうんざりなんだ。ママにもいちいちそんなくだらない中傷を気に病まないでほしい。他人の言うことなんかいちいち気にする方がおかしい。信じるのは自分自身、それだけだ」とハムディは言う。

でも、ママはここに残ってずっとこの狭い村の限られた人たちとともに生きていかなくてはならない。その言葉は去る人間だから言えること。そして、それはまた私が言えることでもなかった。私はハムディよりさらに気軽にこの村をいつでも去ることができる立場なのだから。

金曜日、ハムディにとっては最後のデモの日。自分にとってもハムディとカメラを片手に一緒に向かう最後のデモ。かつてデモのさなか、催涙ガスまみれで涙と鼻水でグシャグシャになりながらハムディに「ヨカッタネエ」と向けられた笑顔が、自分がここに立ち続けている原点のようにも思える。そう考えると、みんなに囲まれながら笑顔で別れの挨拶を交わすハムディの姿がひときわ感慨深く映る。出会ってからの一年八カ月、何度も一緒にこの場に立ってきた。ずっとずっと、分離壁、占領との闘いが終わりを迎えるまで、ここで一緒に肩を並べて撮り続けるのだと思っていた。分離壁がなくなる前にそれが終わりを迎えるなんて考えてもいなかった。

最後の夜の兄弟げんか

いよいよハムディが村で過ごす最後の一日。まるで見送るみんなの気持ちを現わすかのような土砂降りの大雨だった。暖房器具もない家のなかは、吐く息が白いほど。

最後の別れをハムディに告げようと、たくさんの人たちがやってきた。家の女性たちは来客があるたびにお茶やコーヒーを淹れ、お茶受けを出し、カップを洗い、一日中それを繰り返した。来客があるので妹たちは家のなかでも化粧をして、ずっとヒジャーブ（髪を被うスカーフ）をかぶり、よそ行きの服を着て、ブーツを履き、くつろぐこともできない様子だった。私はすっぴんのうえ、毛玉だらけのジャージにゴムのスリッパ履きでくつろぎながら男性たちとコーヒーを飲んでいた。妹たちは疲れた顔でため息をつき「そんな恰好でいられるなんて本当にミカは気楽でいいよね」とつぶやいた。

そのうち別室からハミースとハムディの怒鳴り声が聞こえてきた。応接間に集まっていた家族とごく親しい親戚は凍りついた。「こんな最後の夜に兄弟げんかかよ」と私はため息をついた。怒鳴り合いが続き、玄関から出ていこうとするハムディの襟をハミースが思い切り摑んだ。力づくでそれを振り払い「そんなことでこんなに怒るなんてバカじゃないの？」そうハミースに吐き捨ててハムディが家から出ていってしまった。怒りを抑えきれないハミースに、ママは「どうして最後の夜に喧嘩なんかしなくちゃいけないの？　ハムディを許してあげなさいよ」と泣きながら訴えた。事情を知らないママの一方的な物言いに、ハミースの怒りがさらに増した。ハミースは家の壁を蹴り、家具を倒し、そこらの物を床に叩きつけ、玄関のドアをブチ蹴って家から出ていってしまった。

ママはますます泣くばかり。残された私たちは言葉が出なかった。ふたりのケンカの理由はいたたまれないものだった。この時期、週末になると村に来ていた外国人活動家Lがハミースに恋心を抱いていた。ハミースの家の屋上で、Lがふざけて身を乗り出したところをハミースが「危ない」と抱きとめた。その場面をおもしろがって撮っていたハムディがLにその写真を送り、LがＳＮＳにその写真をアップした。それは説明もなく見せられれば、まるでLをうしろからハミースが抱きしめようとしているようにも見えなくもない写真だった。ハミースには村のなかに思いを寄せる女性がいた。お互いに思いを寄せながら、お互いの家から結婚を前提にした交際をはじめることを反対されていた。目と鼻の先に暮らしているのに自由に会うこともできない。彼らにとってネットを通じてチャットを楽しむのが唯一の「つき合い」の方法だった。そのいらだちもあったところにこの写真が彼女の目にもとまってしまった。

ハミースが怒るのも無理はなかった。ハムディはハミースの気持ちを考えようともせずおもしろがってネタにしてしまった。軽率なおこないだった。ハムディにはそういうところが顔を出す一面があった。天真爛漫で陽気な性格は、ときに能天気に人を傷つけてしまう。

家族の別れ

夜の一二時を過ぎてハミースが家に帰って来た。来客はさすがに気をきかせて帰っていき、家には家族だけになった。

「ここにいるみんなで、ハムディ旅立ち前の最後のファミリーポートレイトを撮りたい」と私が切り出し、一家が揃った最後の一枚を撮った。ファインダーを覗くと、パパをのぞいてみんな笑顔なのに、口元が笑っているだけで、そのまなざしは正直だった。ママの笑顔には、泣き疲れ、抗い疲れ、もう諦めるしかないという諦念が浮かんでいた。

写真を撮り終えると、もう潮時だと感じたのか、ハムディが「明日早いからそろそろ寝るよ」と切り出した。ママがふたたび泣きはじめた。ハムディは固く決意したような表情で、パパの手の甲に口づけをし、その手を自分の額に当て（目上の人に敬意を表わす挨拶の仕方）「パパ、いままでお世話になりました。お元気で」と声をかけた。パパは一瞬言葉を探すように沈黙し、それからゆっくりと「体には気をつけてな」と声をかけた。次に兄弟や甥とつぎつぎと固く抱き合い、親しみをこめて背中をポンポンと叩きながら別れの挨拶を交わした。そしてファトヒーヤとふたりの妹たちを優しく抱きしめた。

涙にくれるママの手の甲に口づけをし、自分の額にその手を当て「ママ、どうか元気で」とハムディが声をかけた。ママはほとんど言葉にならないまま嗚咽を漏らし、ハムディを泣きながら抱きしめた。

正視できないほど辛い場面だった。しかしこの場面を見守るために、この家族の痛みや苦しみが、もとをたどれば占領を押しつけられたパレスチナの苦しみであるということをみつめるために、ここに立っているのだと思い直した。

翌朝ハムディの出発は五時の予定だった。雨がずっと降り続いていた。ベッドに入ったものの、まったく寝つけないまま数時間を過ごした。明け方、車が家の前に到着した音と、しばらくして玄関の扉が開かれた音を聞いた。ママがハムディの部屋へ向かったようだ。

時計を見ると四時半。ベッドから起き出してみると、すでに表にはハムディをヨルダンとの国境まで乗せていくイスラエル国籍をもつパレスチナ人のドライバーが、自治区内を縦横断している主要道路の入植者用道路も走行可能なイスラエルの登録車両を示す黄色いナンバープレートをつけた車で迎えに来ていた。

西岸地区に暮らすパレスチナ人が出国するときは大半がこのヨルダンへのルートをつかう。パレスチナ人にはイスラエル領内へ入り、イスラエルの空港から出国することは不可能に近く、このヨルダンへのルートが一般的だ。ただし、どんなに不備なく渡航先のビザや書類を持っていたとしても、イスラエル出入国管理官が「出国を認めない」と判断すれば、そこで追い返され、国外へは出られなくなる。分離壁と闘うビリン村の村人には、海外での広報活動を阻止するためしばしばそのような措置が取られている。これが国境をもたない非独立国の現状。国のないパレスチナ人のパスポートはパレスチナ「国」のパスポートではなく、パレスチナ自治政府（Palestinian Authority）発行のパスポート。

枕元のコンパクトカメラをつかみ、ママに続いてハムディの部屋へ行こうと階段を降りた。目を覚ましたイクラームも降りてきた。ハムディの部屋のベッドに腰をおろし、ママは泣きながらハムディを抱きしめた。ハムディの目からも大粒の涙がこぼれていた。

部屋に入ることができなかった。私にはどうしてもそこが「侵してはいけないふたりの領域」である気がして、最後のふたりきりの時間を邪魔することができなかった。私は「記録者」であるよりも、「家族の一員」であろうとした自分に驚いた。この場面を撮るために、わざわざパレスチナに来たというのに。私の横で、イクラームがこらえきれずに泣きだした。ハムディは雨に濡れた私とイクラームに部屋に入って来るようにと言い、ママを抱きしめ、イクラームを抱きしめ、最後に私を抱きしめた。ただひとこと「ありがとう」とハムディの胸のなかでつぶやいた。

ハムディは意を決したように車に乗り込んだ。ママがただずっと、遠くなっていく車をみつめながら「マアッサラーマ（さようなら）ハムディ、マアッサラーマ」と泣きながらつぶやき続けた。車が涙でかすんで見えなくなった。

ハムディがいなくなったあとも、ママは呆然と涙を流し続けながら雨のなかに立ち尽くした。「ママ、寒いから家の中に戻ろう」と声をかけても、なにも聞こえていないようだった。

しばらくしてハミースがパジャマ姿のまま下へ降りてきた。「ママ、そんなところにいても寒いだけだろう。ママを放っておけないで一緒にここにいるミカを凍えさせたいの？」と無理やりママの手を引き、二階に連れて戻った。きっとハミースも眠れずにいたに違いない。自分は表には出てこないで、そっと二階からみんなを見守ってくれていたハミースの優しさを思う。

一一時半に枕元の携帯電話が鳴り、寝ぼけ眼のまま電話に出ると「アンマンに着いたよ」とハムディの声が聞こえてきた。その翌日、ハムディはヨルダンからドイツへと片道切符で旅立って行った。

「実家」の困窮

もとのハムディの部屋では「久しぶりに売れるものが収穫できた」と一家総出で収穫した葉物野菜の束づくりをしていた。自身も商売をするファトヒーヤの夫のイマードが、ラマッラーの市場の業者にこの野菜の束を売る算段を整えてきた。一束一シェケルで売るそうだ。ざっとみんなで一五〇束ほどを積み上げていた。農業で生計を立てているとはいえ、オリーブの収穫の時期以外はさして売るものもないようだった。以前はヤギのミルクで作ったチーズなども売っていたが、いまは家で消費するぶんくらいしか作ってない。養蜂もおこなっているのでときおり蜂蜜も売っているが、あまり大きな収入源にはなっていない。

パパは一〇年ほど前まではイスラエル領内で建設作業に従事していた。しかし長年の無理がたたり体を壊したパパに、そのあと労働許可証がおりることはなかった。パパもママもそれぞれの実家の農地を引き継いでいた。パパは再び家畜を追い畑を耕すことにした。そんな矢先、村の土地の一部が「未耕作農地」として接収され、入植地が造られ、分離壁が建つことになった。パパとママの土地も分離壁建設予定地フェンスの向こう側に取られてしまった。

「パパがイスラエルに働きに行っているあいだはうちにも結構余裕があった。パパとママは貯金を切り崩しながら、必死にやりくりして育ててくれた」とイクラーム。

ある朝、起き出すと、冷蔵庫には硬くなったパンとトマトふたつしかないということがあった。硬くなったパンをお茶に浸してトマトの輪切りを頬張った。「ミカ、ごめんね。お腹がすいただろうね。かわいそうに」とママが嘆く。娘のファトヒーヤの店で、「ツケで食料を買っておいで」とママが言うが、私のためにそんな無駄な出費はしてほしくなかった。もちろん、自分のお金で食材を買ってくることもできたが、パパが「ミカが買い物に来たらいっさい払わせないように。全部ノートつけなさい。あとで払うから」とファトヒーヤに言い渡していたようで、お金を受け取ってもらえず、それも許されなかった。パパはその硬くなったパンとトマトだけをカバンに入れて夕方まで放牧に出かけていった。

「永すぎた春」の終わり

分離壁反対運動でつねに先頭に立ち続けたアディーブは、前年一二月まで一七カ月ものあいだイスラエルの軍事刑務所に入れられていた。村には監視カメラがつけられ、デモの様子を克明に記録し続けている。イスラエル軍が村人たちを「投石した」などとして逮捕、拘束するのは、この記録が元になっている場合もあるが、アディーブの場合はなにひとつ「犯罪的な行為」が記録されていなかった。そこでアディーブに科されたのは暴力扇動罪での服役。本人が暴力的な行為をいっさい犯していなくても、その言動がまわりの暴力を煽る原因となっているという滅茶苦茶な「罪」で裁かれた。まさにみせしめとしか言いようがない。

父親が逮捕されたとき、まだ二歳半だった末っ子のトゥトゥは、父親が不在のあいだ、つねに不安がり、情緒不安定だったという。アディーブが釈放されて、まるで失われていたときを取り戻すかのように、トゥトゥはどこへ行くのにも父親と一緒だった。ようやくトゥトゥに笑顔が戻った。

アディーブが収監されたため延期になっていたアディーブの次女ドゥアーとアブーラハマ家の三男ヘルミーの結婚式の日取りも決まった。ふたりは二〇〇九年の秋に結婚するはずだった。学生時代のヘルミーは、いまのノンポリを貫く姿からは想像できないほど深く分離壁反対運動にかかわっていた。入植者と口論になり、「暴力をふるった」として逮捕されたこともある。数カ月間収監され、釈放時には二年間入植地近辺へ近づくことを禁止すると言い渡された。たとえそこが自分の家族の土地であっても。その後ヘルミーは結婚のためキャリアも「思想」も捨てた。闘争からも距離を置き、労働許可証を得て入植地で働きはじめた。すべてはドゥアーと一日でも早く結婚するために。

アディーブの釈放でようやく四年にも及ぶ「永すぎた春」の終わりが見えてきた。とはいえ、次なる試練がヘルミーに重くのしかかっていた。披露宴の衣装代、ヘア&メイク代、家族の衣装代、ふるまいの飲食代、新居ですぐに必要になる家電等々の代金。家を建てるのに四〇〇万円、結婚式に三〇万円。ヘルミーの貯金は底をついた。朝早くから長時間働いたうえに、足りない分を工面するため駆けまわる毎日が続き、ヘルミーの憔悴の色は濃くなるばかり。

家族のなかで定職に就いているのはヘルミーだけ。細々と農業を営むパパには出せるお金は多くはなかった。ヘルミーには金銭的に誰も頼れる人がいなかった。アディーブは刑務所に入れられた揚句、多額の「罰金」を科せられていた。

ある日「もうなにもかもがうまくいかない。限界だ」とそうそうに布団を頭からかぶってもぐりこんだヘルミーに「素朴な疑問だけど、そんなに毎日大変そうで幸せなの?」と聞くと、「式と披露宴さえ終われば幸せだと思う。はやくふたりきりで静かに過ごしたい! 自分の家族よりも誰よりもドゥアーが好きなんだ！」と叫んだ。
この年の三月二五日、ようやくふたりは無事に結婚式を挙げた。

ハイサムとその家族

ハイサムとの再会

ハイサム、妻ハウラ、ハイサムの母親インムアーティフ、長男ムハンマドとも一年ぶりの再会。「ミカが来るので大興奮だったんだけど、はしゃぎすぎて疲れて眠っちゃった」という白血病の次男カルミーの病状は、その後もなかなか安定しないようだ。

薬の副作用でさまざまな影響がカルミーの小さな体に現われている。月に二回のエルサレムのハダッサ病院への通院のほかに、ラマッラーの病院で歩行訓練、喋る訓練をはじめた。

ハイサムに著書を手渡すと「みんなビリンに来ても催涙弾が飛び交うデモばかり撮るけど、ハムディとインムハミース（ママのこと。インム〔～のお母さん〕＋長男の名前で呼ばれるのが一般的。男性はアブー〔～のお父さん〕＋長男の名前）のこの表紙の写真、それだけがビリンじゃないっていうミカの思いがこもったいい写真だ」とほめてくれる。

ハウラとムハンマドは、ハイサムの弟アシュラフが娘のアダーリをあやす写真のページを開いた。

そのとたんに、一緒に本を眺めていたインムアーティフの目から大粒の涙がこぼれ落ち「アシュラフは無事なんだろうか？　アダーリが不憫だ」と泣きはじめた。

二〇一〇年九月、つねにデモの最前線で声をあげ、撃ち込まれた催涙弾を兵士に投げ返すようなアシュラフは、左足のくるぶしを実弾で撃たれた。苦痛に歪むアシュラフの顔、仲間に運ばれる姿を、インターネットを通じて目にした。アシュラフはイスラエル軍の「お尋ね者」として捜索され、何度も執拗に本人の家、ハイサムたち兄弟や母親の家が捜索を名目に深夜に急襲された。その後、身柄を拘束され、軍事法廷で裁かれ、軍事刑務所に一年間収監されることになった。

村の多くの人びとが分離壁への反対運動にかかわったことで、同じような目に遭わされている。彼の苦痛にみちた、痛みでほとんど泣きそうな顔が私の心から消えることはない。

ハムディとのお別れのためにハイサムの家に招かれた日、ハウラの手によって豪華なランチが用意されていた。オリーブオイルでタマネギを炒めてそれをあいだに挟んだパンをオーブンで重ね焼きしたムサッハンや、グリルされたチキン、スープ、ヨーグルトなどが並んでいた。

ランチを囲み、ハイサムとハムディがいつものように冗談を飛ばしあっている姿を見ると、こんな光景ももう見納めなのだと無性に寂しくなった。長年タッグを組んでビリン村が向き合わされた「分離壁と占領」を追い、発信してきたふたり。彼らに出会えたからこそ、この村が自分の「帰るべき場所」となった。ハムディだけでも、ハイサムだけでも、そのどちらか片方だけでは、そうはならなかったのではないかという気がした。ふたりという存在が私にとってかけがえのない存在だった。でもいつまでも居心地のいい仲良し三人組でいるわけにはいかない。すべては変わり続けていく。

ラマッラーでの一日

まだドイツへと旅立つ前、ハムディに誘われて一緒に向かったラマッラーで「実は友だちと待ち合わせをしている。ミカをラマッラーへ連れて来いって言ったのも彼なんだ」と、ふたりで約束の相手が待つ場所へ急いだ。

待っていたのはハイサムだった。「ミカ、俺はしばらく書類をそろえに行ってくるから、どこかでハイサムと待っていて」とハムディは立ち去った。ハイサムとフレッシュジュースを飲み、ピザ屋で大きなピザを食べた。妹に頼まれたサンダルを買い、青果市場の果物屋さんにプリントを渡しに行った。前年、ここを通りがかるたびに袋に入れた果物を「バスで食べな」と持たせてくれたおじさん。イチゴを買ったハイサムに、おじさんはなにも言わずそっとおまけをしてくれた。

ふたりでクナーファ（焼き菓子）屋に入った。「お腹いっぱいで食べられない」という私の声を無視して、ハイサムはふたり分のクナーファを注文した。店にひとりで入り、大量のクナーファを食べているおじさんの多いこと！　ヒゲもじゃのおじさんがひとりで席につき、背中を丸めて蜜の大量にかかったクナーファをかきこむ姿はなんだかかわいらしい。

街を歩きながらビリンの闘いのこと、パレスチナのこれからのこと、お互いが抱えている問題などを語り合った。ストレスを吐き出しあい、しゃべりすぎて疲れたことを自覚して、そのことにふたりで大笑いした。それは村から離れた場所だからこそできたことだった。「村に帰ったら、誰のどんな言葉もすべてを聞き流せ。自分を信じて心を強くもっていれば大丈夫だ」とハイサム。それはまるで彼が自分自身に言い聞かせているようだった。

この日ハイサムはいっさい私にお金を払わせてくれなかった。「この前ムハンマドが俺に言ったんだ。『パパ、どうしてミカからお金を受け取ったりしたの？　ミカからお金なんてもらいたくなかった』って。正直に言えば、カルミーに満足な治療を受けさせるためにはお金はいくらあっても足りない。でもミカは友だちなんだから、それは恥ずかしいことだっていうムハンマドの気持ちはよくわかる」。その言葉がすべてを物語っていた。だから毎日ご飯どきになるとハイサムやムハンマドから招待の電話がかかってくるのだ。そうやって精いっぱい「返して」くれようとしているのだ。「カルミーの病気を治したい。そのためにお金で解決できることなら精いっぱいなんとかしたい」という私の気持ちを一家は汲んでくれている。そのために協力してくれた日本の多くの人に心から感謝をしている。でも同時に、心のどこかでそれを恥ずかしくも思っている。

彼らのその気持ちに向き合うために、毎日申しわけないと思いつつも、その招待を受け続けることしかできない。治療費を負担することでしか「カルミーの命は私にとっても大切なんだよ」と彼らに伝える方法がみつからない。

夫婦喧嘩

玄関先にやって来た親戚の男性に対応するハイサムの口調が厳しい。水の使用料や地域で立て替えてある弟たちの裁判費用と保釈金を払うようにと求められているようだ。

このところ、ハイサムとハウラは口論が絶えない。逼迫する家計に加えて、隣人との軋轢など、病気のカルミーを抱えて余裕のないハウラにとって神経がすり減る毎日が続く。そのうえ、隣り合って暮らすハウラの実家とハイサムの実家のあいだに争いが絶えない。

ハイサムとハウラは、父親同士が兄弟の従兄妹にあたる。ハイサムの父親は生前ずっとビリンでの暮らしを続け、ハウラの父親アブーハムザは結婚して所帯をヨルダンでもった。そして第一子のハムザ、第二子のハウラ……と三男三女に恵まれた。子どもたちはヨルダンで育ち、ヨルダン国籍をもつ。一四年前、アブーハムザは、それまで暮らしていたアンマンから自分が生まれ育ったビリンに帰ることを決めた。ハウラが一六歳のときのことだった。すでに大学生となっていた長男のハムザはそのまま残ることを選び、アンマンで就職、結婚した。そのほかの子どもたちはみなビリンへとやってきた。

以来、アブーハムザ一家とハイサムの実家は隣り合って暮らしているが、その実家同士のいさかいが、お互いの実家からハイサムとハウラにもち込まれる。このときも、アブーハムザと息子たちが、それまで営んでいたファラーフェル（ひよこ豆のコロッケ）屋を拡大して、大型テレビでサッカー中継をおこなうカフェをはじめようとしていた。それまで村にはカフェもレストランもなかった。夜遅くまでテレビの音や音楽が鳴り、若い男性たちがカフェに集うことを懸念して、ハイサムの実家は怒り心頭だった。

ハウラにとって味方であり心を許せるのは、この村では親兄弟をのぞいてハイサムだけだという思いがある。一六歳で突然この村に「帰って」きた彼女は、村になじもうと懸命に努めたが、彼女にはなじめないことの方が多かった。異質なものを噂のネタにし、排除しようとする小さなムラ社会の特徴を、敏感に感じながら生きてきた。それは次男のカルミーが白血病にかかり、よりいっそう顕著になった。

ハイサムはハウラのことをとても大事に思っているのに、わざと彼女を追い詰めるようなことを頻繁に口にしていた。ハイサムもまた、孤立無援のストレスに神経をすり減らしていた。ＦＦＪのリーダーとの不和、妻とのお互いの実家同士の不和、経済的な苦境とカルミーの病気、すべてが重くのしかかっていた。「電気工事技師をやっていたときには、月に五〇〇〇～六〇〇〇シェケル（約一〇万円～一二万円）ほどの収入があった。でも、カルミーが白血病にかかって、入院費を工面するのに切羽詰まって、仕事に必要な工具を手放さざるを得なくなったんだ。ちょうど、工事をしても、理由をつけて工賃を後まわしにされ、回収に苦慮することにも疲れ果てていた。いくら仕事をしても実際にはお金が入ってこない。そんなことに嫌気がさして工具を売り払ってしまった。それからは、村で起きていることをビデオに撮って、レポートを書いて、微々たる収入を得るようになったけど、とてもじゃないけど、かつての金額は稼げない。占領にもパレスチナの政治家にもうんざりだ」。ハイサムは、じわじわと追い込まれていた。そんな友の姿が辛かった。

日本からの訪問団

イスラエル在住の友人美恵子さんが、日本から医療関係者のグループを案内してビリン村にやってきた。パレスチナでの医療の実態調査とその改善を支援するための視察だという。カルミーの病状を日本人医師の観点から診断してもらえるのではないかと期待した。

さっそくカルミーの治療を担当するイスラエル人医師が書いた病状にかんするレポートを読んでもらった。本人への問診と家族への聞き取りを終えた医師は「急性リンパ性白血病で間違いないね。リンパ性白血病はリンパを伝ってからだじゅうどこでも転移する可能性があり、もし脳に転移してしまったら、生存の望みは限りなく減ってしまう。脳に転移しないよう見守り、感染症にかからないように注意すること。本来なら無菌状態の部屋に入れてあげないといけないレベルだと思う。免疫力はほとんどないに等しいんじゃないかな。四肢や言語が不自由なのは、薬の副作用だと思われる。ただし投薬は絶対に必要なことなので、それはしかたがないことといえる」と診立ててくださった。

その説明を聞く私たちの横で、カルミーは無邪気に遊びはじめた。言語にも多少の不自由があり、カ行が言えないカルミーは私を呼ぶときはいつも「ミタ」になる。予想していたこととはいえ、医師の話を聞き、目の前のこの命が思っていた以上に危ういという現実を突きつけられた私に「ミタ、はやくあそぼうよ」と服の裾を引っぱってくるカルミー。危うく涙がこぼれかけた。すべての気持ちを押し殺して「じゃあ遊ぼうか」とカルミーに向き直った。

ハイサムもスイスへ

いよいよハイサムがスイスの団体に招かれて、作品を上映しに行く日が近づいた。旅立ちの前日も、ハイサムとの関係がうまくいっていないIは、すぐ近所に住んでいるにもかかわらず別れの挨拶にも立ち寄らなかった。ハイサムは口には出さないものの、Iが顔を出してくれることを願い一日中待っていた。パレスチナでは友人同士、ちょっとした旅行でも大げさなくらい別れの挨拶を交わす。ましてやハイサムは村の代表として村の闘いを語りに出かける。村のリーダーとして、友人として、言葉をかけに来るのが普通だった。そのことでハイサムは深く傷ついていた。

Iとの不和の原因は「ハイサムが自分の作品を持って村の代表としてあちこちに招かれはじめていることへの嫉妬」ではないかと、ふたりをよく知るひとは語っていた。そしてなにより「Iの妻がハイサムとハウラを嫌っている」ことが大きな原因ではないかと。

たしかにIは冷淡な態度のなかにも、ためらいの気持ちを抱えながらハイサムに接しているようなところが見えて、決して心から彼を嫌っているというふうには見えなかった。どちらかというと、彼自身もいろいろなことに疲れ果てているように見えた。しかし妻のTは違った。ハウラと一緒に歩いていても、私にだけ声をかけて立ち去ったり、「カルミーは病気だと聞くけれど、全然元気そうじゃない」と冷ややかに口にしたりした。

ハイサムの不在のあいだ、しばらくハウラとムハンマドとカルミーと一緒に暮らすことにした。疲れ切ったハウラのそばでひとときでも支えたかった。「ボディーガードも兼ねて」とつけ加えるとハイサムは「任せた」と笑った。

今回のハイサムのスイス行きに際して、ハウラも招待を受けたが断った。「世界を広く旅して、深く広くいろいろなことを知るのは男の世界、男の領域。私はここで静かに子どもたちと過ごせればそれで満足。広い世界を知りたいとも思わない。お土産もいらない。ただ無事にハイサムが帰って来てくれればそれだけでいい」と彼女は答えた。

翌日からは新学期。夜八時過ぎにはみんなでベッドに入った。ハイサムの家には、応接間と台所のほかに、たったひとつのベッドルームがあるだけ。大きなベッドでハウラとムハンマドとカルミーが眠り、いつもはムハンマドが使っている床のマットレスで私が眠った。カルミーの体調を慮り、一晩中つけられている電気ヒーターがバチンとときおり大きな音を響かせる。最初の夜はその大きな音に、漏電かショートかしているんじゃないかと、不安でなかなか眠りにつけなかった。夜中に目が覚めると、このころ起きていたエジプト「革命」の影響で消えてしまった帰国便のことや村でのいろいろなことなどが頭をよぎって眠れなくなった。そろそろビリンを発たなければとの思いが頭に浮かんだ。それまでは、毎回村を立ち去るのは断腸の思いだった。自分から立ち去りたくて村をあとにしたことはなかった。私もまた村の日常に疲れていた。

愛しき者

カルミーが朝早くから起き出して「ミタと遊びたい。ミタはまだ起きないのかな?」とハウラに尋ねている声が聞こえた。時計をみると六時半。「ミカは疲れているのよ。寝かせておいてあげなさい」と言われたカルミーは、ドアを開けてそっと寝室に入ってきた。「ミタ、お布団から肩が出ているよ。寒いよ」と一生懸命小さな体で毛布を引っぱってかけ直してくれる。本当は起きていると言いだせないいまま、カルミーのその姿を薄目を開けて見守った。

ムハンマドは、カルミーを気遣う優しいお兄ちゃんとして成長していた。しかしムハンマドもまだ九歳。わがままを言いたいときもあるし、なんでも自分が我慢してカルミーに譲らなければならないことに、泣いて抗議をすることもしばしばあった。カルミーが生まれてからの三年半、ムハンマドは弟のためにたくさんの我慢を重ねてきた。ハイサムの不在により、ゴミ出し、買い物、重いガスボンベの交換のための運搬など多くの仕事をムハンマドが担わなければならなくなった。それらはふだん、村では男性がおこなう仕事。遊んでいるところを中断させられて言い渡されることも多かった。たとえ夜遅くでも、カルミーがなにかが欲しいと言えば、いつもムハンマドが買いに行かなければならなかった。「いま寒いからいやだ」「もう眠いから行きたくない」と泣きながら抗議するムハンマドの姿を見るのは辛かった。

「ずっと私はカルミーの入院治療につきっきりで、ムハンマドはそのあいだ実家の母に育ててもらったようなもの。ムハンマドにはたくさん我慢をさせていて、かわいそうではあるけれど、強くなってほしいと思っている。カルミーのことを守り続けてほしい」。その思いからか、ハイサムもハウラもムハンマドには厳しい。泣きじゃくるムハンマドは、そんなとき誰の慰めも拒絶する。ひとりで肩を震わせて泣きながら耐えている。ムハンマドが辛抱強く、まっすぐな、優しい少年へと成長しているのは、病気と闘う弟のためだということを、そして、自分の役割をよく理解しているからだ。ムハンマド自身も闘っている。

ムハンマドは夕食を食べると「シャンクーティの家に泊まりに行く」とパジャマ姿で隣の従兄の家に行った。ハウラが掃除をはじめたので、私がカルミーに添い寝をして寝かしつけた。小さな寝息をたてて私の指をギュッと握って眠るカルミーの寝顔を見ていると、たまらない気持ちになった。自分が産んだ子でもないのに、こんなにも愛しく感じることが不思議でもあった。

ハウラがしばらくのあいだ外に出ていってしまったとき、カルミーが「ミタ、ヌーヌー（カルミー語でおしっこ）」とせがむので、一緒にトイレに入り、カルミーのズボンを脱がせ、カルミーのヌーヌー専用洗面器におしっこをさせた。帰ってきたハウラにカルミーが「ミタにヌーヌーさせてもらった」とそのことを伝え、ハウラに「ごめんね。嫌じゃなかった？」と尋ねられた。「全然嫌じゃないよ」と答えると「カルミーはごくごく身近な人にしかヌーヌーを言えないから、ときどきそれを伝えられなくて、濡らしてしまう。カルミーにとって、ミカはそれを言える心から甘えられる相手なのね」と微笑んだ。私はそのことが無性に嬉しかった。

村人たちの日常

ジャワーヒルの死

「実家」の三軒となりのアハマド・アブーラハマの家では、この年の一月一日に亡くなったアハマドの妹ジャワーヒルの喪に服すため、死後四〇日の重要な節目であるタアビーンを迎えるまでは、毎晩のように村人たちが集まり、故人を偲び、遺族を慰めながら過ごしていた。

男性たちは庭先で焚き火を囲みながらお茶やコーヒーを飲んで過ごす。女性たちは家のなかに集まって母親のソブヘイヤや妹のアムナを囲み、ジャワーヒルの思い出話を語りながら過ごしていた。

私がビリンに着いたのは、ジャワーヒルの死から二週間しか経っていない時期だった。お悔やみを言いに行く日は気が重かった。家のドアを開けると、沈み込んだ様子のソブヘイヤ、アムナ、アハマドの妻と娘たちが電気ストーブを囲んでいた。「アッラー イェルハムハー（彼女に神の御慈悲を）」と遺族に声をかけながら座に加えてもらった。この家族にとって、イスラエル軍の弾圧で身内を亡くしたのは二〇〇九年のバーセムの死に次いでふたりめだった。

二〇一〇年一二月三一日、数百メートル離れた高台からジャワーヒルたちがデモを見守っていた。「家の前から近所の人たちと数人でデモを見おろしていた。そのうち撃ち込まれる催涙ガスがひどくなって、ちょうどそのとき風向きはデモの前線から私たちがいる方に変わった。突然一緒にいたジャワーヒルが『気分が悪い、吐きそう、息ができない』と言って倒れこんだ。そのとき私も胸に詰まるような痛みがあって、目も痛くて開けられなかった。頭がガンガンしてきた。あわてて家に人を呼びに走って、数人がかりでうちのなかに倒れた彼女を運びこんだ。でもジャワーヒルは吐きはじめて、それから彼女の意識が朦朧としはじめた。大急ぎで近所の男性たちが救急車を呼んだ。ジャワーヒルはラマッラーの病院に運ばれたけれど、泡を吹きはじめて、意識も戻らなかった。病院に駆けつけた保健相や治療にあたったドクターたちの見解は急性のガス中毒。そして翌日息を引き取った」。そう話したのは、そのときジャワーヒルと一緒にいたイルハームだった。

「イスラエル軍は『ジャワーヒルの死にかんして、彼女はもともと癌を患っていた。その死にガスとの因果関係は認められない』と発表した。後日『パレスチナ側の病院の医療ミスで亡くなった』とまで発表した。イスラエルは嘘ばかりついている。娘を亡くしたうえにその死を嘘で塗り固められることは本当に悔しい」とソブヘイヤが泣きながら訴えた。ジャワーヒルの妹のアムナは「いまでもジャワーヒルがいなくなってしまったなんて信じられない。それが実感できないから、つい彼女を探してその名前を呼んでしまう」と涙を流した。

村の活動家たちが危険を承知で覚悟をもってデモに向かい、その結果亡くなってしまうのは、百歩どころか一万歩くらい譲って、本人にも少しは納得がいく人生の最期だろう。少なくとも、私はデモの前線に向かう日、毎回そのことを自問自答してから覚悟を決めて向かっている。もちろんここで言いたいのは、イスラエル軍の弾圧、殺人を容認しているという意味ではなく、それぞれのデモの参加者がもつ覚悟の問題という意味においてである。しかしジャワーヒルのケースは違う。自分の村で起きていることを、その身に危険が及ばないように、わざわざ遠く離れた場所で見守っているひと（この場合、女性や子どもが多い）、またはそこに家があるために逃れられないひとまでもが犠牲になるような兵器をイスラエル軍は使っている。大規模な軍事攻撃には注目が集まるが、この種の非道は注目もされない。ジャワーヒルは非戦闘員どころか「非暴力を掲げるデモ」の参加者ですらなかった。

兄アハマドの眉間のしわはますます深くなっていた。入植地と分離壁の建設によって農地を失ったアハマドは仕事も収入も失った。一年ぶりに再会すると「ようやく自治政府の運営する文化財団の職を得て、音楽や踊りなど伝統的な文化保護、継承、育成を通じて地域の子どもたちにかかわる仕事をしている」と話した。父親を早くに亡くした長男のアハマドにとって、一家を大黒柱として支えることは大きな責任だった。失業、貧困、家族の死。彼はここ数年で一度にあまりにも大きな困難と向き合わされた。ジャワーヒルの死後、お悔やみのため葬儀に訪れた某自治政府大臣は、一家のあまりの窮乏を見かねて、急きょ新しい家の建設のための資金提供を申し出たという。敷地内に新しい家が建設されているが、一家が失ったものはあまりにも大きい。

金曜日のデモの日がやって来た。ママや妹たちに「ジャワーヒルが殺されたばかり。絶対に行かないほうがいい」と朝から繰り返し説かれた。ベランダからデモの最前線となるフェンス付近をのぞいてみると、汚水を放水する高圧放水車が出動していた。パパがシニカルな笑いを口元に浮かべながら「今日はマイヤハラ（汚水、直訳すると糞水）が浴びせられるぞ。あんまり前線には近づかないように。浴びせられたら大変だぞ」と言う。どれだけ説得をしても言うことを聞かない私にママは諦め顔で「くれぐれも気をつけて。前線には絶対に行かないで。パパから離れないように」と送り出してくれた。毎週欠かさずデモに向かうパパと一緒に集合場所へと向かった。

ジャワーヒルがガスの中毒で亡くなったという事実がある。もしも自分がそういう目に遭ったら周りにどれほどの迷惑をかけるのだろうか？　本当に後悔しないと言い切れるのだろうか？　毎度のことながらその葛藤を繰り返しながら向かう。

この日は、先日「フリーガザ（ガザの解放）」を訴えたデモで刑務所に入れられたイスラエル人活動家の釈放をデモのなかでアピールした。風向きがイスラエル軍兵士向きだったので、デモがはじまってしばらくしても、一発も催涙弾は撃ち込まれずにいた。しかし風向きが変わったとたん、おびただしい数の催涙弾が撃ち込まれはじめた。以前よりも強い刺激を感じる。有害なガスがオリーブ畑にばらまかれ、真っ白に染まるのを見るのは本当に辛い。村人たちはなおさらのことだろう。幸いこの日は怪我人も逮捕者も出なかった。

デモが終わったあとは激しい頭痛にさいなまれた。吐き気に苦しみ、割れそうに痛む頭を抱え、ハイサムと映像を編集してレポートを作り上げた。作業を終えてぐったりと床に倒れこむハイサムの顔は、血の気が失せて真っ白になっていた。反対運動にかかわる村人たちは、寝不足と催涙ガスの影響とで強い頭痛薬が手放せなくなっていた。皮肉なことに村の商店で売られているのはイスラエル製の薬。

デモの翌日、前日から何錠薬を飲んでも頭痛が消えないので、昼までずっと横になっていた。昼近くにようやく太陽が姿をあらわし、屋根の上に設置されたタンクの中の水が温められたので数日ぶりにシャワーを浴びると、体中に付着していたガスも洗い流されたのか嘘のように頭痛が消えた。

分離壁フェンスのそばでの放牧

妹のイクラームが、シャワーを浴びて急に元気を取り戻した私を「ポットにコーヒーを入れて、お菓子を持って放牧に行こう」と誘ってくれた。イクラーム、末弟のムハンマド、ヤジード、パパの妹マリヤムの息子たちイーサとニダールとともに、分離壁フェンスのそばまで家畜を連れて行った。

村の少年たちがフェンス近くで兵士によって拘束される事件が続き、村人たちは警戒していた。一九歳のムハンマドひとりならともかく、女性二人（しかもひとりは外国人）と小さな子ども三人も一緒なら大丈夫だろうとフェンスのそばまで放牧に行った。フェンスの向こう側に牧草地も取られ、家畜に草を食べさせられる場所もすっかり減ってしまった。それを求めてフェンスぎりぎりまで少年たちが近づくのも無理のない話だった。腰をおろして焚き火を起こし、家から持ってきた栗を焼いて食べた。そばには大きな鉄塔が建ち、村全体を監視し続けるイスラエル軍のカメラが備えつけられているが、この日は軍のジープが私たちのところにやって来ることもなかった。

ある朝「大変！　ハイサムの甥のジャマールが分離壁フェンス近くで拘束されて行方不明っていう話」と妹たちに伝えられた。急いでハイサムの家に出かけた。

数時間後、拘束を解かれたジャマールが家に帰ってきた。フェンスのそばで友だちと一緒に遊んでいて捕まったとのこと。拘束されていたあいだ「誰が分離壁反対運動に深くかかわっているのか？」「デモで投石をしているのは誰なのか？」「反対運動にかかわろうとすると、今後どういう目に遭うかわからないぞ」などと、手を縛られて目隠しをされたまま尋問、脅しを受けたという。多くの少年たちがこのような目に遭わされている。

ハイサムの家にはイスラエル人の活動家Iが立ち寄っていた。Iは父親をクネセト（イスラエル国会）議員にもつ、いわゆる良家の子息。本人と父親の思想は正反対。彼のようにイスラエルの左派の活動家のなかには、父親や兄弟に政治家、軍人などの有力者をもっていることがある。

友人のかつての同居人は、エリート軍人である父親との軋轢の果てに、自分の父親がパレスチナ人にしていることを受け入れられず、長年苦しんだ末に、みずから命を絶った。国の政策が家族を分断し、その命までをも奪ってしまうことを考えると、その意味において国が犯している罪に異を唱え、社会から弾き出されるイスラエル人たちもまた被害者なのだと感じた。

村人たちにはイスラエル人の友人も多い。ハイサムにビデオを撮ることを勧め、完成したフィルムを海外で上映できるように奔走してくれたのもイスラエル人の友人だった。ビリンで闘う人たちにとって国籍は関係ない。そのひと個人が不条理な占領に対して声をあげるか否か、みずからの権利、他者の権利が不当に制限されることに対して「おかしい」と感じ、その声をあげようとするか否か、問われているのはそれだけだ。

エジプト「革命」のはじまり

一月二六日の夜、深刻な様子のエジプトのデモのニュースが流れてくる。「デモ隊の鎮圧に使われた催涙弾がパレスチナで使われているものと同様のもの」とテレビの前に集まった村の人たちが言う。

イスラエル、アメリカ、エジプトの三国の微妙な関係がエジプトの行く末にも影響を及ぼす。エジプトをあとにしてきたばかりだというのに、こんなに短期間で情勢が急変するとは。自分の見通しの甘さを呪う。パレスチナでエジプトの心配をする日がくるなんて想像をしたこともなかった。

同じ日のニュースで「アブーマーゼン（アッバース自治政府大統領）が和平交渉で、かつて難民の帰還権を放棄するという合意書にサインをしていた」と流れる。テレビの前に集まっている村人たちは、ほとんどがファタハ（アブーマーゼンが率いている）の熱烈な支持者だが「アブーマーゼンは自分の地位と引き換えに、パレスチナ全体をイスラエルに売り渡すに違いない」と怒号が飛んだ。「アブーアンマール（アラファト）がいてくれたなら……」とひとりが口にするとみんながうなずいた。解放闘争の功績の大きさについては疑問をさしはさむ余地はないが、晩年の「指導力」には疑問も残る。死者は美化されやすい。

日が経つにつれ、隣国エジプトの状況は混乱を増していた。この時期まだ軍部はムバラク大統領を見限っておらず、治安部隊がデモ隊の鎮圧に乗り出したというニュースも伝わってきた。エジプトはなかば無政府状態になっていて、空港も閉鎖され、希望する外国人はチャーター機でイタリアへ脱出させることが決まったが、空港で足止めを食っているとのことだった。

デモの舞台となっているタハリール広場には、一〇年来のエジプト人の友がオフィスを構えていた。広場から一〇〇メートルほど南下した通りには、別の友人が暮らす家とオフィスがあり、カメラやレンズなど機材の一部もそこに置いてあった。この地域でムバラク支持派やカネで雇われた人間が暴動を起こし、略奪なども起きていると伝わってきた。友人たちとの連絡も途絶えていた。ネットの回線を遮断されているということだった。断片的な情報の波にのまれながら不安ばかりがつのった。

一九九六年に初めてエジプトに足を踏み入れて以来、何度も足を運び見守り続けてきたエジプトの変革のときを、エジプトに戻って追うべきなのだろうか？　と一月末から考え続けていた。長年の強権政治のもと、批判を許されず、口を閉ざし続ける代わりに「運がよければ」開放経済政策の恩恵にあずかれるかもしれないというエサをぶら下げられ、ムバラク政権への「ナアム（賛意を表わす）」という意思表示を強いられてきたエジプトの民衆が、こんなにも力強く堂々と勇気をもって「もうたくさんだ」と言いはじめた姿に、私は驚き衝撃を受けていた。自分の思いを堂々と表わしはじめたエジプトの民衆の姿が、単純に嬉しかった。その姿を追うべきだろうか。

しかし、私はニュースになるもの、スポット的な「動乱」を追い求めているわけではなく、もっと違う手法で中東を追って来たのではなかったか？　だからこそ、この地の「日常」にこだわってきたのではなかったのか？　エジプトの隣国にいる千載一遇のチャンスとはいえ、パレスチナを追わなくてもいいのか？　なかなか答えが出ない。

一緒にエジプトの「革命」をテレビで見守っていた友人が「エジプト人がうらやましい。俺たちがいまここで同じことをやってしまえば、一気にイスラエルに叩きつぶされる。いくらいまの自治政府ではダメだと思っていても、それを変えたいと願えば必ずパレスチナ自治政府を通り越してイスラエル軍が出てくる。皆殺しにされてしまう」と暗い顔をしてつぶやいた。

彼の言葉はことの本質を突いている気がした。エジプトの民衆の「革命」を見守る背後のアメリカやイスラエルにとって、民衆が求める「ムバラク降ろし」は、さして自分たちの描くプランに影響がないのだろう。代わりの「ムバラク」を用意すればいい。民衆の目が「暮らしをなんとかしろ」「独裁をやめろ」と彼らの足元に向いているかぎりは、その椅子に座る人間がムバラクでなくても構わない。誰か別の操り人形がその座に収まれば問題がない。民衆が「反アメリカ、反イスラエル」を叫ばないかぎりは、その「革命」を「民主的」だと評価する姿勢だ。一種のガス抜きだ。

しかしパレスチナでは事情が違う。アメリカやイスラエルにとって、一部の腐敗したいまのパレスチナ自治政府高官たちほど好都合な操り人形はいない。彼らの代わりをみつける前に変革を起こされては、すべてのプランが崩れていく。この友人のつぶやきを聞いて、この時期にパレスチナを見守ることこそが自分のなすべきことなのだと気づかされた。

とはいえ、いつまでもここに居られるわけではない。本当に一カ月後に目の前のさまざまな問題を片づけて日本に帰ることができるのだろうか？　先の見通しがたたず胃が痛んだ。

この週の村のデモでは、エジプトの民衆と彼らの「革命」に連帯を示し「エジプトの民衆に自由を」とアピールした。しかし隣国の盛り上がりが飛び火することを懸念しているのか、イスラエル軍はいつも以上に多くの兵士を投入し、フェンスに近づくことすら許さないという姿勢を取った。軍もデモを催す村のリーダーたちにとっても、さじ加減を誤れば大混乱にいたる可能性もある。こういう時期だからこそ、村人たちは徹底的に「非暴力」で向かうことをあらためて確認しあった。

ここ三週間のデモは、ジャワーヒルの死の反動なのかエジプト「革命」の影響なのか、徹底的な弾圧は加えられていないように見えた。デモのなかで村人を拘束したり、実弾が発射されたり、また深夜の村への侵入による捜索や逮捕もこの時期はなくなっていた。徹底的な弾圧がないので、いつまでたっても若者たちが散会しない。

それゆえいつまでたっても催涙弾が撃ち込まれ続ける。業を煮やしたフェンスの近くに畑をもつ村人が「もう今日のデモは終わりだろう。いい加減にしてくれ、もう解散して帰ってくれ」と若者たちに怒鳴った。自分の畑がデモのせいで（本当は占領、弾圧するイスラエル軍のせいなのだが）ガスまみれになり、荒らされることに対して怒りを抱いている村人がいることもまた現実。

タアビーン（追悼集会）、愛しい者の死とパレスチナの大義と

二月一〇日、この年の一月一日にイスラエル軍が放ったガスの中毒により亡くなったジャワーヒルの死後四〇日の追悼集会タアビーンが開かれた。ステージにはいくつもの大型スピーカーが並び、その前に一五〇席ほどの座席が用意されていた。入口では村の抵抗委員会の中心メンバーやジャワーヒルの弟のアシュラフ、兄のアハマドなどが打ち合わせをしていた。村人だけでなく、つぎつぎと自治政府やファタハの要人がやって来た。村の中心部から演奏をしながら楽団が入場してきた。

要人たちのスピーチが続く。亡くなった娘のジャワーヒルと息子のバーセムの顔写真が入ったポスターを抱えた母親のソブヘイヤはいちばん前の席で終始涙にくれていた。「偉い」政治家たちのスピーチは私の心にはまるで響かなかった。どれだけパレスチナの大義を叫ばれても、どれだけ感動的な言葉が並んでいても。一方、その死を親しい者の死、愛しい者の死として追憶し、哀悼し、それを乗り越えて進んでいくとの決意をしぼり出すように言葉にした兄のアハマドや、村のリーダーのひとりバーセルのスピーチはとても胸に響いた。

すべてのスピーチが終わり、パレスチナの「国歌」を斉唱し、遺族である母親のソブヘイヤと兄の

アハマドが政治家たちと壇上にのぼると、彼らの手に記念の盾が手渡された。それまで涙にくれていたソブヘイヤはキッと一瞬で決意した表情になり、頭上にピースサインを掲げた。彼女にとって大切な娘や息子の死は、好むと好まざるとにかかわらず政治的な意味合いを含むものに変えられていく。ひとりの死は、ここでは「殉教者」として占領への抵抗のシンボルとなり、否応なしに政治的な意味をもたされる。顕彰の盾を受け取り、ピースサインをかざして一瞬のうちに決意のみなぎる顔に変わった、いや変えざるを得なかったひとりの母親の苦しみを思い知る。それが「殉教者の母」として求められている彼女の役割であることを本人もまわりもわかっているのだ。

涙にくれる遺族や友人と政治家たちの勇ましいスピーチとのギャップがなんとも言えない辛い式だった。

七年目のデモ

この日は分離壁建設予定地フェンスの向こう側にイスラエル軍兵士が陣取っている。「この違法なフェンスを早く取り除いてくれ！　向こう側の俺たちの土地に自由に行かせてくれ！」「この土地はパレスチナの土地だ、どうしてアンタたちが勝手に入って来て、俺たちの自由を奪うんだ。頼むから帰ってくれ」と、パレスチナの旗をフェンスに挿しながら訴える村人たち。イスラエル国内や外国からその訴えに共鳴する活動家たちもやって来る。

兵士にとって同じイスラエル人にヘブライ語で訴えられることがいちばんこたえるという。「国防軍はイスラエルを守るためにあるものだろう。どうして他人の土地を占領することが国防なんだ！」とイスラエル人の活動家が声をあげる。それまで自分の任務について考えたりすることもなく上官の命令にただ従っていた兵士が、ヘブライ語で同胞に訴えかけられることによって、それが自分の行動の意味を考えるきっかけになることもある。イスラエル国内のなかで、そのような活動家の存在はごく少数派ではあるが、国のおこないに対して不利益をこうむることを覚悟で声をあげるイスラエル人活動家の存在は、この闘いにおいて大きな意味をもち、村の人たちに勇気を与えている。

兵士がゲートからフェンスより村側に入ってきて、村人たちはやむを得ず後退した。催涙弾と投石の応酬が繰り返される。最近では、この前線で「おとな」たちが声をあげ、その北側のフェンスで「若者」たちが投石をするという二方向の行動にバラけてしまっている。ここでいう「おとな」と「若者」は年齢だけではなく、壁への反対、弾圧への抗議の手法、考え方によって区別をしている。血気さかんな「若者」たちは、「おとな」たちが投石を阻止しようとすることや、声明文や言葉だけのアピールが「なまぬるい」と納得がいかない。一方「おとな」たちは、投石により弾圧の口実をイスラエル軍に与え、ますます弾圧がエスカレートすることは「運動の後退」だと考えている。そのような考え方の違いによって、ついには別の場所でのそれぞれの行動に分かれてしまった。粘り強く継続していくことでしか道は拓けないとはいえ、そのことの難しさも感じる。

二方向から発射される催涙ガスに包まれ、村は真っ白に染まってしまった。あまりに多量のガスのせいで村全体が霧に包まれたようになる。このガスの煙幕からなんとか脱出しようと逃げるが、切れ目なくガスに包まれているため、目を開けられないでうずくまる人、気分悪そうに吐いている人、倒れこんでいる人があちこちにいる。私もとうとう目を開けなくなり倒れこんだ。

前方では、村のなかに入り込んできた兵士に、目に怒りの炎を浮かべながら渾身の力を込めて石を投げる「若者」たちに、再びおびただしいガスが浴びせられた。再び目も開けられずに苦しんでいると「ミカ、こっちだ。俺の声がする方、風上においで」とオマルがガスのない方向へと導いてくれ、村のカメラマンを務めるオウダが手を引っぱって逃げてくれた。自分はパレスチナではいつもこうやってピンチになると誰かに助けられ、気にかけて見守られているのだということを実感した。それはありがたく、また、申しわけないことでもある。

前方に戻る気力も体力も失くし、少し離れた丘の上から前方を見おろすと、いつの間にか冬が終わり春がやってきたことに気づく。黄色い花が咲き乱れ、その一面の花々が白いガスにまみれている。デモの帰り道、雨があがって陽がさす道を、オウダとバーセルとヌールと一緒に歩いた。この日はバレンタインデーから数日過ぎた金曜日。パレスチナではバレンタインデーを「イード・ル・ホッブ（愛のお祭り）」と呼び、家族や友人同士が赤いものを贈りあい身に着ける。オウダが道端で摘んだ赤いバラをさし出し「ミカにイード・ル・ホッブのプレゼント」と微笑む。ガスにさんざん苦しめられて、そのわずかな時間ののちに、腫れぼったい疲れた顔をしながらも、バラの花を片手に優しく微笑むその笑顔をみつめた。彼らを照らす太陽の光の色が、たしかに訪れた春を告げていた。どんなに苛酷なときを過ごしても、その延長線上に日常があり微笑みがある。太陽の光が三人の笑顔を照らすその一瞬、私も笑顔でシャッターを切った。

二月一八日、この日は村の闘いがちょうど七年目に突入する記念日のデモだった。参加する人びとの表情は明るく、高揚感に満ち溢れていた。ビリンに連帯を示すさまざまな国や町や村、イスラエルからも多くのひとたちが参加して、デモ隊はここ数週間でもっとも大きく膨れ上がった。

先導する大きなスピーカーを載せた車から勇ましく「抵抗の歌」が流れる。チリからやってきた活動家たちは"Veto Settlements, Vote Justice"（入植地に拒否権を、正義に一票を）と横断幕を掲げる。イスラエルの後ろ盾として、イスラエルに不利な国連決議案を片っぱしから安保理常任理事国の拒否権で封じてしまうアメリカの政治姿勢に対するプロテストだ。

膨れ上がったデモ参加人数と七年目の記念日ということを警戒してか、そうそうにイスラエル軍兵士が村のなかに入り込んできた。いつものように「ここは現在軍事閉鎖区域に指定された。即刻解散しろ」と兵士がスピーカーで告げる。「ひとの村に勝手に入り込んでおいて、なにが軍事閉鎖区域に指定だ」と思うが、そんな正論が通用する相手ではない。何人かの村人たちが兵士と面と向かって対峙しながら「俺たちの村から出ていってほしい。自分たちの土地のうえで自分たちの土地を返してほしいと声をあげることのどの部分が法律に違反しているんだ？」と問い続ける。毎週まったく同じことの繰り返しとはいえ、粘り強くあきらめずに声をあげ続けていくしかない。

そのように訴えかけられても、ガムを噛みながら我かんせずという顔をしている兵士、少し離れたところで笑みまで浮かべて喋っている兵士たち、最前線で盾で身を守りながら村人たちの問いに内心では怯み、どこをみつめていいかわからず目が泳いでいる兵士、部隊全体の配置を見守りながら部下に指示を出すオフィサー、それぞれ顔も肌の色も「人種」も違う兵士たち。彼らは「イスラエル人」という共通項によって兵役に就いている。彼らとも、ここではないどこかで出会っていれば普通に仲良くなれるような相手なのかな？　この国の外で出会っていたら、親しく会話を交わすなんてこともあったのかもしれないな。そんなことを彼らひとりひとりの顔をじっくり眺めていると考えてしまう。

兵士と村人たちが盾を挟んで対峙したところで、こう着状態が生まれた。村のなかに入り込んできた兵士に若者たちから罵声が飛ぶ。前線では、突破しようとする村人を引きずり倒して蹴りを入れる兵士と、それを阻止する村人たちのあいだに「小競り合い」が起きた。とはいえ、村人たちは非暴力を貫こうと心に決めて前線に向かっているし、少しでも誤解を受けるような行動をとれば即「兵士に暴力行為をはたらいた」として逮捕され、軍事刑務所送りになるので、兵士が一方的に殴り蹴り、村人はそれを止めようとあいだに体を押し入れるだけなのだが。

しばらくして至近距離でパーンと大きな音が響いた。数メートル先でひとが倒れていた。必死の形相で救急車を呼ぶ村人たち。撃たれた人は苦しそうな顔で目を閉じてひとことも発しない。救急車で彼はラマッラーの病院へ救急搬送された。

騒然となってきた。丸腰のデモ隊に向かって「明確にみずからの生命に危害を及ぼされる状況にある」とき以外に、殺傷能力のある高速催涙弾やゴム弾ましてや実弾を事前警告もなしに水平発射することなど違法行為だが、実際にはイスラエル軍は躊躇なくそのような行為におよんでいる。口径の小さな実弾がデモ隊に発砲されるケースも増えていて「口径が小さいから殺傷能力が低い」という国際社会に向けた言い訳の裏で、この弾丸で致命傷を負わされる犠牲者が続出している。この日使われたのもその弾だった。

一五歳のハムザも腹部を実弾で撃たれて救急搬送された。弟を助けようとしたサミールはペッパースプレーと呼ばれる「撃退ガス」を兵士に直接目に吹きかけられて負傷した。

デモのあいだずっと後方で待機し、撃たれたハムザを助けるために前線に走って来た救急車の方向に向かって、兵士は発砲してその往来の邪魔をした。赤十字や赤新月社の救急医療行為にそのような妨害をくわだてることは国際法上許されることではないが、パレスチナでは赤新月社のスタッフが明確に狙われ殺される例も少なくない。ひとの命をまったくかえりみることのない兵士たち。命令をくだす人間と、実行する人間が違うことが、その責任の所在をあいまいにし、非道をおこないやすくさせる。パレスチナ人を同じ人間だとみなさないようになされる社会や軍隊での教育は、いずれイスラエル人自身や社会に刃を向けないと言い切れるだろうか？

非暴力でのデモをみずから体現するために、まだ幼い娘を片腕に抱いて、もう一方の手にはパレスチナの旗を持ったファルハーン親子の至近距離にも催涙弾が撃ち込まれた。「ここには幼い子どもがいるんだぞ！　アンタに心はあるのか？」と必死の形相で訴える彼の声が響く。そこに家畜の排せつ物と化学薬品を混ぜた緑色の汚水が浴びせられた。「子どもを連れてきたオマエが悪い」とでも言いたげに。

幼い命までを軽視する相手との命がけの闘いの困難を感じた。

ナジャートの幼稚園

アディーブの兄ナビールの妻ナジャートは、自分の地元である隣村のカフルニイマに土地を借りてローダ（幼稚園）を運営している。

ローダへはナジャートが自分の車を運転していく。ビリンのような小さな村では、女性が車の運転をすることはめずらしい。村の細い道を巧みなハンドルさばきで走る。この車に乗せられるだけの子どもたちを各家から拾う。私の膝のうえにふたり、後部座席に七人、荷台にも三人の子どもたちを乗せて車は走る。

三〇分ほどかけてローダへと向かう。徒歩で通える子ばかりではないので、そのほかの子どもたちはセルビス（乗り合いタクシー）の運転手をしているナビールの車がスクールバスの役目を果たして運ぶ。

ローダは四〇人ほどが一堂に座れる机といすが置いてあるスペース、輪になって集まれるスペース、そのほかにイスが並んだ二つの教室とキッチン、トイレからなる。

四歳児以下のクラスを受けもつイマーンは、採用されたばかりの若い先生。明るく溌剌とした女性だ。イマーンのクラスをみていると、粘り強く、辛抱強く、忍耐と愛情をもって子どもたちに接している熱心な新米の先生の頑張りが伝わってきた。

五歳児のクラスはナジャート自身が受けもつ。このクラスは集団生活も二年目の子が多いので、四歳児よりも授業らしい内容。一日のほとんどをこの五歳児クラスの見学で過ごした。

朝のスタートは、まず出欠をとり、宿題と連絡帳をチェックしながら保護者から記入された連絡事項を確認する。そのあとは輪になって、歌と体操がセットになったものをおこなう。そしてナジャートが順番にひとりひとりを呼び、宿題の間違いを説明して直しているあいだ、ほかの子どもたちはアニメのテレビを観て過ごす。この日の宿題はアラビア語(こくご)の字の書き方、英語のアルファベットの書き方の練習。

すべての児童の宿題を見終わると、いよいよ教室に入ってアラビア語の授業。黒板にアラビア語のアルファベットと、それぞれのアルファベットをつかった単語とその絵が載っている表があり、「アリフ、アサド(ライオン)、バ、バカラ(牛)、タ、トゥッファーハ(りんご)……」などと黒板の前に出て表を指しながら読み上げる。たとえて言うなら「あ、アリ、い、イヌ、う、ウシ……」みたいなもの。それをひとりずつ順番におこなう。習得の個人差が大きかったが「家でどれくらい保護者と一緒に復習しているか、また、親がどれくらい意識して子どもにその時間を割いているかが差として出る」とのこと。すべての児童が前に出て読み上げ、最後に私の順番が来た。

「ミカはアラビア語が読めるのよ。前に出てお手本を見せてもらいましょう」とナジャートが微笑む。冷や汗をかきながら、五歳の子どもたちの前で二八のアルファベットと二八の単語を読み上げた。なんとかつつがなく終えた私に「ブラボー！　みんなミカに拍手！」とナジャート。五歳児から拍手喝さいを浴びる私。

そのあとは、手を洗ってチーズサンドウィッチのおやつの時間。朝起きたての時間には朝食を食べられない子への配慮のようだ。食べ終わった子から順番にブロック遊びの時間。ひとりで大作を作り上げる子、みんなで輪になって協力しながら作り上げる子たち、なにかを作るよりも話に夢中になっている子たち、それぞれの個性が溢れる。

次の時間は再び教室で英語のアルファベットを学ぶ。Aから順番に大文字小文字をひとりずつ前に出て黒板に書いていく。さすがにこれは前に出てやることを求められなかった。ナジャートは「ミカは英語を書けて当たり前。ただ、アラビア語がそんなにスラスラ読めることは知らなかったけど」と微笑んだ。私は五歳児向けの単語だったから可能だったとは言い出せずにあいまいに微笑み返した。

子どもたちが園庭で遊んでいるあいだ、ナジャートと近所に住む「給食係」のお母さんが給食をキッチンでつくる。この日のメニューはムジャッダラ(豆と炒めたタマネギ入りの炊き込みご飯)とヨーグルト。「少ない給食費で、栄養価を考えながら子どもたちのお腹を満たすメニューを考えるのはひと苦労。でもお母さんが朝から晩まで働いている家の子どもたちなどは、ここでの給食がとても大きな意味をもつ。だからできるだけきちんとしたものを用意してあげたい」とナジャートは話す。

ある母親は「ナジャートには本当に感謝している。夫の失業や、刑務所への収監や裁判費用や罰金などで、家計が苦しい家がたくさんある。でも月謝や給食費を払えなくて『子どもを休ませたい』というと、ナジャートは『いつか払えるときでいいから、気にしないで子どもたちを通わせて。教育がなによりも大事だから』と、そんな親たちを説得している。あのひとは足りない費用を自分の持ち出しでやっている」と話した。

このローダの月謝は八〇シェケル（二〇〇〇円ほど）。子どもにかける教育費としては決して高くはないし、運営する側にとっては十分ではないが、失業している人も少なくない村人たちにとっては、負担は小さいとはいえない。土地と建物の賃貸料、教材費、給食費、イマーンの給料を四〇人ほどの児童の月謝からまかなうと、ナジャートが自分の給料としてあてがえる金額は六〇〇シェケル（一五〇〇〇円ほど）がせいぜいだそうだ。ちなみに、ラマッラーの縫製工場に勤めに行くお針子さんが稼ぐ、週休二日、七時間労働の月給が七〇〇シェケル弱。ナジャートは子どもたちの送迎も含めて、一日六時間ほどを仕事に費やす。週休二日にしたのはつい最近で、それまでは週休一日だった。「もちろん、もう少し仕事に見合った額をもらえるようになればありがたいけれど、自分の給料が増えることよりも、地域の未就学児童の予備教育をもっとしっかりと地域に根づかせて、園での学びが小学校に入ってからの教育の基礎になり、子どもたちの学力が伸びることを願っている。それだけでなく、集団生活の基礎、他人と協力することや、他人に思いやりをもって接することなどもしっかりと学んでほしい。子どもたちの教育はなににもまして重要なことだと思う。子どもたちの未来こそがパレスチナの宝であり希望だから」と語る。

ナジャートの地域の幼児教育にかける思いを受けて「多くの自治政府の要人がナジャートのローダを見学に訪ねている」と彼女を紹介してくれたハミースは言う。たしかに、ナビールとナジャートの家には、テレビや新聞などで顔を見たことのある自治政府の高官との記念写真なども飾られていた。

しかし、なかなかそれが継続的な園へのサポートには結びつかない。ナジャートに「村の男性、とくにFFJのリーダーなどは園の財政的な窮状を知っているの？　サポートの話などは出ないの？」と聞いてみた。「残念ながら、男性たちはもっと直接分離壁との闘争にかかわるようなデモや裁判や弁護士への報酬や怪我人の治療などで頭がいっぱいみたい」とナジャート。

家に帰れば、料理や刺繍が大好きな女性でもある。彼女がいちばん好きなことは、庭の花の手入れや、祖母が着ていた古いパレスチナの刺繍の入った布でさまざまなものをリメイクすること。

彼女の大学での専門は実はまったく別の領域で、長いあいだ自治政府の機関のひとつである「女性の地位向上委員会」のような組織で働いていた。幼児の教育に関心をもったのは三〇歳を過ぎてから。大学で学び直し、ビリンとカフルニイマの子どもたちのためにローダを開いた。

彼女は、英語はそれほど得意ではなかったが、外国人が英語で話すことを理解していたし、堂々と自分の意見を言うひとだった。男性の親族と一緒にアルジャジーラのニュースや政治討論番組を観ながら政治を語る女性だった。

しかしナジャートを評す村の女性たちは「賢いひとだし、すごいひとだと思うけれど、子どもがいないことがかわいそう」「子どもがいなければほかになにを手に入れていても、なにももたないに等しい」という。子どものいない私は複雑な気持ちでそれを聞く。

ナジャートは近所に住む妹の子どもたちを、無料でローダに通わせていた。姪たちには園に来て行く服を買い与え、毎日の送り迎えもみずからしていた。その妹の家はとくに困窮している家庭だった。妹の夫が、かなり長いあいだ定職に就けておらず、ナジャートの援助と不定期に入る仕事や妻（ナジャートの妹）の刺繍の内職でなんとか食いつないでいた。

彼女の家を訪ね、あまり勉強を理解していない姪のために勉強を教えに行った帰り道「妹は運が悪くて本当にかわいそう。結婚以来苦労してばかり」とナジャートがつぶやいた。金銭的に苦労する妹とその子どもたちを「かわいそう」と援助するナジャートと、そんな彼女に向かって村の女性たちがささやく「かわいそう」という言葉。その意味について考え込んでしまう。

ローダでは昼食後、イマーンとナジャートが絵本の読み聞かせをし、その感想を子どもたちに発表させた。正午を少し過ぎて、近所の子は親が直接迎えに来て、遠方の子は送り届けられる。子どもたちは「ミカ、明日も来てね！」「また一緒に遊ぼうね！」と手を振りながら帰っていった。

おじさんの溶接工場

亡くなったバーセムとジャワーヒルの弟アシュラフと一緒に、実家の隣のアブーハーリッドの溶接工場にお邪魔した。アブーハーリッドはパパの弟。しかし両家がとくに親しいということもないので、隣に住む「おじさん」に、私も出会えば挨拶をするが、それ以上言葉を交わしたこともなかった。

正直に言えば、それまでアブーハーリッドが苦手だった。彼の娘であるサンムーや息子のアブダッラーやムハンマドと親しくしていても、それをチラッと見るだけで彼から話しかけられたこともなかった。無愛想ともいえる彼の態度から「またハムディが、わけのわからない外国人を連れてきて」と迷惑だと彼が感じているのだろうと思い込んでいた。だから、その夜アシュラフに「アブーハーリッドの工場に行こう」と誘われて、少しためらった。

アブーハーリッドは、私の姿を見てかなり驚いた様子だった。でもすぐに焚火を囲むように椅子をふたつ用意してくれた。「ふたりともコーヒーでいいか？」と、工場のなかに設えられた小さなガス台でコーヒーを沸かしはじめた。

アブーハーリッドの溶接工場は、小さな小さな町工場。朝早くから夜遅くまで、パチパチ火花を飛び散らせながら、金属のかたまりに向かっているおじさんの姿を頻繁に目にしていた。金属や鉄くずの汚れなのか、工場の中にあるなにもかもが真っ黒だ。おじさんは私が腰をかける前、気を利かせてそっと椅子の表面を布で拭ってくれたが、その布自体も真っ黒だった。コーヒーを飲みながら短くなった煙草を吸うおじさんの指先も同じように真っ黒だった。一生懸命に働いてきた人の大きな手。おじさんの工場の背後に広がるのは、まばゆく光る入植地群の電灯だった。

おじさんは懸命に私との話題を探りながら「日本はどんなところなんだ？　こんなふうに占領されたなかで、ろくな資材も手に入らないで、スクラップの鉄くずを加工してものを作るなんてことはないだろう？　神のさだめとはいえ、どうして俺たちは自分の土地のうえに建てられたあんなもの（入植地）を毎日目にしながら、こんな不自由な暮らしをしなくちゃならないんだろうなあ？」と、吸いさしの煙草を捨てた。

おじさんとアシュラフと三人でコーヒーを飲みながら、流れてくるラジオの音に耳を傾けた。静かな夜だった。日本のこと、おじさんやパパが小さかったころのこと、宗教のこと、政治のことなどを、とりとめもなく夜ふけまで三人で話した。

アブーハーリッドにうとまれていると思っていたのは、私の誤解に過ぎなかった。ただおじさんは、分離壁への反対運動がはじまり、突然たくさん村に現われはじめた外国人の存在にずっと戸惑い続けていた。心のうちでは目の前の入植地や分離壁を嫌悪していても、おじさんは表立って反対運動に身を投じることはなかった。そんなおじさんには、とくに外国人と親しく言葉を交わす理由もなかった。

おじさんは「うちにある機械のほとんどは日本製なんだぞ。ちょっと見せてやろう」と、小さな工場を案内してくれた。機械に記されたメーカーの名前は、子どものころからよく目にしてきた私の地元にある会社の名前だった。「アンミー（おじさんの意、パパの弟なので、この夜そう呼ぶことを許された）、実はこの会社、私の生まれ故郷にある会社なんだよ」と言うと「そうなのか！ ミカの故郷の会社がつくった機械なのか！」と笑った。おじさんの満面の笑みを初めて見た。「アブーハーリッド、日本に行ってみたいと思わない？ こんな機械をいともたやすくつくってしまうテクノロジーの国に行ってみたいと思わない？」とアシュラフが問うと、「すごいところなんだろうなあとは思うけれど、どこに行きたいとか、なにが欲しいとか、思わないよ。俺はこの小さな村で、この機械をつかって仕事をして、静かに誰にも邪魔されずにここで暮らしていければそれでいいんだ」と答えた。

パチパチと焚き木がはじける音と、ラジオから流れる古いアラブ音楽が静かな暗闇に響いた。言葉少なく静かにラジオに耳を傾ける姿はパパとそっくりだ。好むと好まざるとにかかわらず、おじさんが静かな暮らしを営んできた空気の流れを、占領や分離壁や、それらに反対するために現われた訪問者たちが変えていく。その「異質なもの」の存在を、ぐっと心のうちに呑み込み、自分なりに消化して、黙ってまた静かな暮らしに戻っていくひとがいる。案外、いまだに出会えずにいる、その声を聞くこともできずにいる村の大半のひとたちは、そういうひとたちなのかもしれない。決して自分からは声をあげない多くのひとたちのことを思う。「家族」として出会わなければ、きっとパパもそうだったに違いない。

バスマンの告白

ママの弟のバスマン「おじさん」が、彼の高校生になる双子の息子アーシムとムハンマドを連れて来た。バスマンは一九六七年の第三次中東戦争以降にはじまったイスラエルの占領当時の話を語ってくれた。「まだ幼いころ、村の大人の男性たちが集められて、イスラエル軍兵士にサボテンの棘のなかを引きずりまわされ、棘に頭や顔を打ちつけられたという場面を見たことがある」と。そのことは、バスマンよりもさらに年長だったママもよく覚えていた。

それだけでなく、第一次インティファーダがはじまったときの自身の体験を聞かせてくれた。「あのときなにがあったのか、今日はそれを君に話しにきたんだ」とバスマンは切り出した。

そのころ、バスマンはテルアビブ近郊の町で働いていた。それまでの日々と同じように仕事を終えて、ビリン村の自宅へ帰ってくるはずだった。その町から自宅へ戻ってくるには、イスラエルと占領されたパレスチナの境から七つの村を通って帰ってくる必要があった。何カ所かで乗り合いタクシーを乗り換えながらいつものように帰ってこようとしていた。

イスラエルと占領区の境の検問所でバスマンは兵士に呼び止められた。「どこへ行ってなにをしてきた？　どこへ向かおうとしている？　ＩＤカードを出せ」と兵士に要求され「自分は毎日この道を通って仕事に行っている。いまは仕事を終えて帰るところで、帰る先はビリン村だ」と答えながらＩＤカードをさし出した。

ふだんならなんの問題もないはずだった。「おまえはテロリストだろう。イスラエルに侵入して、どこかの町で火をつけてきただろう」とバスマンは兵士に小突かれた。「それが証拠だ。おまえの胸のポケットのなかにライターがある。それで火を放って来たに違いない」と兵士のひとりに殴られた。

「ライターは煙草を吸うから持っているだけだ。そんなもの誰でも持っているじゃないか」とバスマンは抵抗したが、また殴られた。

彼はインティファーダがはじまったことを、この時点で知らなかった。

「わけがわからず混乱した。それ以上になにを言っても聞き届けてもらえない絶望が襲ってきた。どうしてこんな目に遭わなければならないのか、まるでわからなかった」。兵士にとって真実など、どうでもいいことだった。ただ占領に反抗する「生意気なパレスチナ人」を誰でもいいから傷めつけたかっただけなのだろう。バスマンはその検問所でしばらく暴行を受けたあと、突然解放された。

「走る車もなかった。その時間にはもう外出禁止令が出ていたんだろう。私はとにかく家に帰りたかった。だから村まで歩くしかなかった」。インティファーダのはじまりを受けて、イスラエル軍は小さな村々の要所のすべてに検問所を設けていた。前の検問所から次の検問所に連絡が入っていたのだろう。その後の五カ所すべての検問所で同じ尋問を受け、繰り返し暴行を受けた。「もう最後には『殺す気なら、さっさと殺せばいい。いっそのことそうしてくれ』と叫んでいた。でも兵士は笑いながらさらに暴行を加えてきた。最初は悔しかったし、辛かった。でも最後には、もうどうでもよかった。ただただ、終わってほしかった。早く家族が待つ家に帰りたかった」。

隣村とビリン村の境にもまた七カ所目の検問所が設けられていた。その検問所で「もう、俺のことを殺せばいいじゃないか」と兵士に向かって吐き捨てた。すると兵士は「いや、こんなにおもしろいものを見せてもらっているのに、もったいなくて殺せるわけがないだろう。おまえ、いまの自分の状態がわかっているのか？　その姿、傑作だよ」とバスマンの耳元で、数人でゲラゲラと笑い続けた。兵士のひとりが「ビリンに帰るんだって？　もうすぐだな。なんだったら家までジープで送ってやるよ」と嘲るように笑った。

　バスマンは検問所から家まで痛む足を引きずり、血だらけで腫れてふさがった瞼を懸命に指でこじ開けて、ただひたすら「家族のもとに帰りたい」という思いを支えに、一歩一歩進んだ。その後ろを家までずっと低速で軍のジープがついてきた。ののしり、嘲笑を繰り返しながら。「ようやく家に着いたとき、バスマ姉さん（ママ）と母が、私の姿を見て悲鳴をあげて号泣した。母と姉を泣かせてしまったことが辛かった。でも安堵したのか、体中の力が抜けてその場で意識を失ってしまった」。

　そこまで話すと、バスマンはこらえ切れなくなって、涙をぬぐいながらトイレへ駆け込んだ。そのあとをつなぐように、それまで静かに話を聞いていたママが「あの日、バスマンが家に帰って来たとき、私は悲鳴をあげてしまった。血と泥だらけで顔が腫れあがり、声を聞くまではバスマンだとわからないくらいだった。私と母親はそんなバスマンを見て泣き崩れてしまった。泣きながらバスマンの顔を拭き、服を着替えさせ、お湯を沸かした。すべてを聞いたときには、悔しさで体中が震えた」と話をつないだ。

　トイレから顔を拭いて戻ってきたバスマンは、「あのときのことを思い出すと、二四年もたったいまでも感情をコントロールできなくなるんだ。苦しくて悔しくてたまらなくなる。でも、どうしてもミカに話しておきたかった。毎週私たちと同じように、危険を冒してデモの前線で体を張って伝えようと奮闘してくれている君に、私は自分の体験を話すことでしか感謝の気持ちを伝えられないから」。

　いつもはひたすら陽気な人だった。あまりのハイテンションな振る舞いに、正直に言うと、少し辟易気味だった。バスマンが来ると、「姪」として最低限の礼は逸しないようにと思いながらも、心のなかで「早く帰らないかなあ」と思ったりもしていた。あの異常なまでの陽気さの裏にそんな壮絶な体験があったとは。

バスマンはそれでも、いやそれだからこそと言うべきなのか、二四年たったいま現在、毎週のデモに参加している。私には、それがバスマンのあの日味わった屈辱を克服し、尊厳を取り戻すための闘いに思えてしかたがない。一度壮絶な暴行を体験すると、ひとはその痛みや屈辱を心の奥底に刻みつけられ、再びそのような場面に遭遇させられたとき本人の意思とは関係なく反射的に委縮してしまう。それでも村の人びと、パレスチナの多くの人びとは、みずからの意志でその体験を克服しながら自分自身の闘いを続けていく。バスマンの身に起きたことは、いま現在もパレスチナ全土で進行形の話。

こんなに辛い体験をこのひとはどうやって克服したのだろう？　彼の笑顔を見ていると、思わず喉元までそんな問いかけの言葉が出かかった。きっと克服するしかないのだ。人生は続いていくし、どれだけ苛酷な体験を抱えても、ひとはそれでも生きていかなくてはならないのだから。

目の前で笑っているひとの多くが、たくさんの傷を抱えながらこのパレスチナでは生きている。そんなことを身にしみて感じた夜だった。

ナーブルス

ナーブルスへ

ラマッラーとナーブルス、距離にしてみれば、せいぜい三〇キロほどに過ぎないが、そのあいだにはいくつもの入植地が存在し、その入植地を取り囲むように、パレスチナ人が立ち入れない場所や道路が多数存在し、それらに近づくたびに検問所が設けられている。西岸地区では約六割の土地がC地区として完全なイスラエルのコントロール下にあり、これらの場所に新たな入植地が造られるたびに、家屋を破壊され、人びとが追い出されている。とくにヨルダン溪谷でそういうケースが多くみられる。鉱物資源があるとされ、ヨルダン川という貴重な水源をもつこの一帯は年々入植地拡大が続けられている。残る四割のAB地区のなかで、完全にパレスチナ自治政府が行政権も治安、警察権も掌握しているのは、大きな街のわずかな周辺部に過ぎない。これがパレスチナ自治区の実態である。

ラマッラーからナーブルスに向かうセルビスで、隣り合ったのはガザからやってきたジャーナリストだった。西岸地区には仕事と会合などでやってきたという彼は「西岸地区に来るためにガザを出る許可をイスラエル政府から得るのが本当に大変だった」と語る。彼のようにはっきりとした目的があり、イスラエルの領土はただ西岸地区へ向かうために通過するだけだとしても、その許可を得るのは大変なこと。「今回、一〇年ぶりにガザを出て西岸へ来たよ。ガザと西岸、どうしてこんなふうに行き来もできない、隔てられたふたつのパレスチナになってしまったのだろう」と彼は窓の外の景色をみつめた。

「民衆市場」に足を踏み入れるとそこには懐かしい顔があった。市場の顔役のおじさんだった。さっそく焚き火にあたらせてくれ、コーヒーの出前を頼んでくれた。

おじさんのもとで新たに働きはじめた青年アッバースは、穏やかで柔らかでどことなく温かな家族のなかで愛されて育ったことがにじみ出ているような、育ちの良さを感じさせた。いつもニコニコ笑っていて、人にものを言うときでも押しつけがましくなく、自己主張が強くもなく、けれども言いたいことを遠慮しているわけでもないという不思議な雰囲気をもつ青年だった。

知り合いを訪ねたいので「またあとで立ち寄るね」と、旧市街の市場へ向かった。この市場のなかには、まるで「定点観測」のように訪ね、前回撮った写真を渡し、また同じ場所で写真を撮らせてもらうということを続けさせてもらっている人たちが多くいる。

そのうちのひとり、漬物屋のおじさんを訪ねると「しばらく見なかったけれど、どこへ行っていたんだ?」と前年とまったく同じセリフで迎えられた。前年撮った写真を渡した。「じゃあ、今日もこの写真と同じポーズでいこうか!」と、漬物の樽の前でポーズをとるおじさん。ファインダーをのぞきながら思わず笑みがこぼれた。ずっとずっと、こうやって同じ場所で、年を重ねていくパレスチナの人びとを撮り続けたい。こういうなんでもない人びとの日常を撮り続けられるということは、少なくともその場所に、ささやかな営みを続けられる、ささやかな「平和」があるということだから。

カバブ屋のおじさん、八百屋のお兄ちゃん、雑貨屋のおじさんといろいろな人に「久しぶりだな!」と声をかけられながら、市場を歩いて回った。最後にモジャンマアに程近い一角でコーヒースタンドを営むアブーアラアを訪ねた。

この一年間なんの音沙汰もよこさない不義理を責めるでもなく、アブーアラアは前回の別れがさも先週のことであったかのように「元気でやっていたか? ちょっと待ってて。コーヒーを淹れるから」と湯沸かし台に向かった。一年前となにひとつ変わっていなかった。彼が着ているジャンパーも、寒さしのぎの耳当ても、売り上げをしまうウエストポーチも、ペンキのはがれかけた一坪の屋台も。「ナーブルスは寒いだろう。ほら」と湯気のたつ熱々のコーヒーを手渡してくれた。

屋台の横に腰かけて彼の家族の近況を尋ねる。その前年に撮った三男との写真を渡すと、嬉しそうに目を細め「いつもありがとう。君にもらった息子たちとの写真は全部うちに飾ってあるよ」と教えてくれた。この日は、いつもアブーアラアのスタンド前でバスの配車と誘導をしているアブーハーニーとふたりの写真を撮った。アブーアラアの愛用の防寒ジャンパーは、アブーハーニーがくれたバス会社のスタッフジャンパーで、おそろいの服を着たふたりのおじさんの姿に笑みがこぼれた。

おずおずとコーヒー代を手渡そうと毎度のことながら無駄な努力を試みてみると「君からお代を受け取るなんてエイブ（恥）だ。君は俺の大切なお客さんだ。さあ、財布をしまいなさい」と微笑んだ。たった数シェケルかもしれない。でもそのたった数シェケルの積み重ねで家族を養っていくことは並大抵のことではない。雨の日も風の日も雪の日も、ナーブルスに「平穏な日常」があるかぎりここに立ちコーヒーを淹れ続けるアブーアラアが、私にくれるものはただの飲み物なんかじゃない。優しさ、思いやり、もてなし、気遣いの心を、自分にできる精いっぱいの方法でずっと変わらずに示し続けてくれるひと。変わっていくことばかりの世のなかで、変わらずに「日常」を営もうと努めているひと。私にとって、アブーアラアはパレスチナの「忍耐」と「優しさ」の象徴のように思える。

偶然の出会いから年月を積み重ね、ここに大切なひとが増えていく。ずっと彼らのささやかな「日常」を見守り続けられるといい。そう思いながらアブーアラアに大きく手を振った。

ある一角で焚火にあたり輪をつくっている人たちと目があった。「アッサラームアライクム（あなたのうえに平安を。出会ったときのムスリムの決まり文句）」と挨拶をすると「急いでいないなら、寒いから火にあたって行きなよ」と、その輪に招き入れられた。

マンスールと名乗った青年はこの自動車修理工場のメカニック。親戚のおじさんが経営するこの小さな工場で、もち込まれた車の修理を営む。もともとパレスチナに入ってきた時点ですでに古い車が多いので、あちこちに自動車修理工場がある。

しかし修理に必要な専門の工具や部品が揃えられているわけではなく、完全に壊れて使えなくなった中古車を解体して、そこからまだ使える部品をそのつど取り出して修理に充てるので、どの工場も一見なにを営んでいる工場なのかわかりにくい。マンスールが働くその小さな工場もそんなふうだった。「本当に不景気で仕事が少ない」とマンスール。「不景気と車が壊れることとは関係ないんじゃないの？」と尋ねると「景気が悪いと、少しの故障ならみんな自分で直しちゃうんだよ」とぼやいた。「仕事もない、お金もない、運が悪けりゃ殺される。誰かここから出るチャンスを与えてくれないかなあ」とマンスールがぼやき続ける。

工場の壁に掲げられた写真入りのポスターが目についた。それは「シャヒード（殉教者）」をあらわすポスターだった。必ずしも兵士として戦って亡くなったひととはかぎらない。その二枚のポスターはマンスール自身のふたりの叔父さんで、それぞれ一年前と三年前にイスラエル軍兵士に撃ち殺されて亡くなったそうだ。「叔父さんたちは戦闘員だったかって？　冗談じゃないよ。どこにでもいる普通のオジサンだったよ。たまたまその場に居合わせてしまったに過ぎない。彼らが戦闘員なら俺自身も戦闘員のはずだよ」と、マンスールは体中のあちこちに銃弾が貫通してできた傷を見せてくれた。「パレスチナで生きるってこういうことなんだ。とくになにをしでかしたわけでもない普通の人たちが、たまたま運悪くその現場に居合わせてしまったら、撃たれるし殺される。そして世界中に『ナーブルスで過激派と交戦。パレスチナ軍事組織の戦闘員が数名死亡』ってイスラエル軍の発表が流されるんだよ」。

ナーブルスでは体や顔に傷が残った人をよく見かける。入植地に囲まれ、付近に難民キャンプを多く抱えながら存在するこの街は、小規模なものも含めて頻繁に軍事進攻が繰り返され、軍事抵抗組織の活動がさかんな街でもある。

マンスールはそう言いながらも、次の瞬間には嬉しそうに携帯電話に保存された愛娘の写真を見せてくれる。弟ターメルも彼の婚約者の写真を見せてくれた。彼ら自身がイスラエル軍の侵攻を受けて撃たれて体に傷を負ったとき、実際に石を投げていたのか、銃を手に取っていたのか、それとも友人を助けようとしていたのか、巻き込まれただけなのか、その場に居合わせたわけでもなく、彼らとのつき合いが長いわけでもない私には、それは確かめようがない。しかし少なくとも、家族や大切なものを守るために非暴力から武力までを含めたありとあらゆる手段で抵抗するのは、街で出会うこういう普通の人びとだということはわかる。


モジャンマアに向かって歩いていると、うしろからアッバースが駆けてきた。「いま電話でミカが帰るって聞いたから、モジャンマアまで送っていこうと思って」と、息をきらせながらそう言った。「貸して、カメラバッグ。重そうだから持ってあげるよ」と彼が言うので「男のひとに荷物持ってもらうの嫌いなんだよね。ありがとう、お気持ちだけ」と返すと「そんなにいつも気張ってなくてもいいのに。この寒いなか撮影してまわっているだけでも疲れているだろうに。助手を雇ったと思えばいいじゃん。ほら」と相変わらずのニコニコ顔で、私の肩からカメラバッグを奪い取った。

モジャンマアの近くで「この店で友だちが働いているんだけど、時間があったらクナーファ食べていかない？」とアッバースが言い出した。クナーファはナーブルスの名物。パレスチナ人はナーブルスというとクナーファと石鹸を連想するそうだ。アッバースが頼んでくれたのはチーズ入りのクナーファだった。熱々のできたてクナーファは驚くほど美味しかった。「美味しいね。いままでクナーファって甘いだけで苦手だと思っていたんだけど」というと、アッバースが誇らしげに微笑んだ。

検問所

ラマッラーとナーブルスのあいだは道路上のあちこちに設けられた検問所の通過に時間がかかる。検問所は、恒常的に造られた巨大な建築物としてのエルサレム近郊のカランディアなどの検問所のほかに、変幻自在に現われるロードブロックのみの簡易検問所なども、そのときどきの情勢に合わせて設置される。この日も入植地アリエルとのジャンクションに設けられたザアタラ検問所で検問が実施され、その先のフワラでも検問があった。

検問所で任務に就く兵士は、武器と権力を扱うことに陶酔してしまっているような横柄な態度の兵士も少なくない。私のような外国人に対してですら、質問は高圧的で指示は命令形のことが多い。もっとも、彼らにしてみれば、「敵」であるパレスチナ人のなかに分け入り、パレスチナ人と同じ車に乗って、パレスチナ自治区を旅するような人間に好意的なはずもないのだが。

検問所に突き当たるたびに、人間というものは、よくもここまで醜悪なものを生み出せるものだと嫌悪感でいっぱいになる。検問所を越えなければならないひとは、それぞれがここを越えなければならない切実な理由を抱えている。家に帰る、仕事に行く、商売をする、病院に行く、家族を見舞う、学校へ行くなど挙げればきりがない。その切実さという心理を逆手に取るかのように、検問所の兵士は罪もない人びとを高圧的に尋問し、雨のなかや雪のなか、太陽が照りつけるなかを道端に立たせ、一列に並ばせ、自分の荷物を道路に広げることを命令し、人びとは銃を向けられながら「無事に通過したい」という一心で黙ってそれに従う。その構図は非常によく計算されていて「主従」関係を否が応にも意識させる。大した理由もなく兵士のその場の思いつきで通行許可証は反故にされ、人びとはしばしば懇願、哀願し、ときには言いたくもない追従を口にして卑屈に微笑むことすらある。私自身もあの検問所で、つい動揺したり、無事通過するために心と裏腹に微笑んだり、懇願するような気持ちになったり、少しでも自分にかけられる査問の時間が長引けば心の奥底でトラブルがあることを恐れ、怯え、毅然としていられない自分の勇気のなさに自己嫌悪に陥る。それは屈辱で澱のように気持ちの奥底に残り続ける。そして同様にそんなパレスチナの人びとの姿を目にするたびに「被占領者」の屈辱を感じてたまらなくなる。

一度だけ、そのような検問所で深い印象を残した兵士がいた。ナーブルス郊外のザアタラ検問所で、まだ童顔の若い兵士が、硬い表情で、セルビスの後部座席に座る私に「窓を開けてパスポートを見せるように」と求めてきた。入隊して間もないのだろうか？　彼は同乗するパレスチナ人にも横柄な態度を取るわけでもなく、静かにIDカードと通行許可証を求め、検めた。

彼はパスポートをめくりながら私に向かって丁寧な英語で「失礼ですが、どちらまでいらっしゃるのですか？」と尋ねた。「エルサレムまで戻ります」と私は答えた。「ナーブルスではなにをなさったんですか？」「スーク（市場）のある旧市街の写真を撮りに行きました」。彼は「そうですか。ではお気をつけて。ありがとうございました」と告げた。思わずびっくりして彼の顔を見上げた。検問所で「失礼ですが」「ありがとうございました」などという言葉を言われたのは初めてだった。目が合い、少し恥ずかしそうに彼は微笑んだ。「さようなら」彼はそう言い終わると運転手に合図を送り、車は再びスタートした。

イスラエル軍兵士のなかにも、決して国の「占領」政策に全面的には同調していないひと、パレスチナ人に敵意などもっていないひと、むしろ同情をしているひともいるに違いない。しかし徴兵制で、なおかつ軍に入隊してそのなかで培ったキャリアや人脈などがその後の人生に深く影響するという国において、兵役拒否や、軍隊のなかでそのような思想信条を曲げずに居続けることは難しい。検問所などの任務でも、いちいち人間的な感情をもちながら丁寧に接していたら自分の身や精神がもたなくなる。感情を殺して良心の呵責などできるだけ心の奥底にしまいこみ、束の間与えられた権力を弄ぶほうがはるかに「つつがなく」軍隊生活を乗り切りやすい。また軍も「考えず、命令に従う」ことを兵士に教え込む。

彼はいつまであの心をもち続けられるだろう？　軍隊にいちばん必要のないもの、それは個々の兵士の心であるに違いない。そんなものは「敵」との戦闘や「占領」政策の実行において邪魔でしかないのだから。

別れ

ついにビリン村で過ごす最後の一日。別れが辛いとハウラが涙を流した。それを見たカルミーまでもが「ミタ、どうして行っちゃうの？　明日は遊びに来てくれないの？」と泣きだした。カルミーを抱きしめることしかできなかった。

ハイサムが懐中電灯を片手に家まで送ってくれる。それまで何度も街灯なき夜道をこうやってふたりで歩いた。満天の星空が広がっていた。

「この二カ月近くのあいだにこの村で辛い目に遭ったことやいやな気持ちになったことはすべて忘れて、楽しかったことや幸せだったことだけを胸にとどめて村を去ることを約束してくれるか？」と突然ハイサムが口にした。「お互いに次に会うまで、楽しいことや幸せなことだけを胸に生きていこうな」。まるでハイサム自身が自分に言い聞かせているようでもあった。家の前に着いて、強く抱きしめながら別れる。元の道を帰っていくハイサムの姿が見えなくなるまで手を振り続けた。

ほとんど眠れずに夜明けを迎えた。ようやくウトウトしかけた六時四五分、目覚まし時計が枕元で鳴った。あまりの眠さに気持ちが挫けそうになる。もう二、三日滞在を延ばそうか？　そうすると、予約した帰国のフライトがなくなったことだけがメールで知らされ、パレスチナでは変更も再予約もできずに保留してある本来搭乗するはずだったフライトの予約日を過ぎてしまう。なんとかその日までにはカイロに、最低でもエジプト国内に辿り着きたかった。別れを先延ばしにしても、明日か明後日にはいずれにしても辛い別れがやってくる。ママがめずらしく朝早くから起き出して「ミカ、起きると言っていた時間だよ。起きているならお茶を飲みなさい」とほとんど見えない目でお茶を沸かしてくれていた。せっかくママが見送りのために起き出してくれている。やはり出発しなければと、決意してベッドを抜け出した。

いつもの朝と変わらないように、玄関先のポーチに椅子を出してママとふたりでお茶を飲んだ。「昨年もその前も毎朝こうやってミカとふたりでお茶を飲んだね」とママが寂しそうにつぶやく。

自分の人生に縁もゆかりもなかった人と出会い、かけがえのない存在になる。村に分け入れば分け入るほど、知らなくてよかったことや気づかなければよかったことを知ってしまう。傍観者ではいられなくなってしまい、傷つくこともたくさんあった。それでも、日本での自分の「日常」を思い返してみれば、やはりそれは「日常」においては当たり前のことで、パレスチナやビリンは自分にとって「非日常」の「理想の聖域」などではなく、それでもなお愛しくかけがえのないものなのだと気づく。

玄関先のポーチから身を乗り出して、アブーラハマ家の前を通って出勤したり通学したりする近所の顔なじみのひとたちに別れの挨拶をした。学校へ向かうソハイブ（スス）は、わざわざ玄関まで上がってきて「アンメティミカ（ミカ伯母さんの意。ハムディの甥のソハイブには、親しみをこめてそう呼ばれるようになっていた）、気をつけて。またね」とハグをかわした。最初に会ったころは、まだ背も低くて子どもっぽかったススも、この二年近くのあいだに声変りし、背も伸びてすっかり大人っぽくなった。次に会ったときにはまた驚くほど成長しているのだろう。

しばらくして近所のサーメドが通りがかった。実は、サーメドにはそれまでずっと道端で会っても無視されたり、ハイサムやハミースに連れられて男性陣の会話のなかに加わっているとあからさまにいやな顔をされたりしていた。それでも私は「どんなに無視されても、こちらからは無視はしない」と心に固く誓って、気まずさを感じながらも出会えば挨拶の声をかけ続けていた。すれ違いざまには無視され、受けた挨拶を返さないことはイスラームの教えに反することになり敬虔なサーメドには耐えがたく、何メートルも通り過ぎて離れてから返事をされたりもした。ある意味ではしかたのないことだった。価値観の違いや文化の違いのなかで、揺るぎのない自己の価値観をもつひとに、違う価値観を理解してもらいたいとか受け入れてもらいたいと望むことは自分のエゴでしかないのだから。

ずっとサーメドから話しかけられることも名前を呼ばれることもなかった。目を合わせてもらえなかった。同席すると不愉快そうな顔で席をたたれた。最初は激しく動揺するばかりだったが、不思議と怒りは感じなかった。ただ自分の存在が彼の気持ちを苛立たせることへの申しわけなさと、言いようのない悲しみがあった。

村ではこの六年間いろいろなことが起きた。外国人などそれまで訪れたこともない小さな村に「分離壁反対への共闘」の名のもと、いきなり外国人が押し寄せ、異文化がもち込まれ、村人たちは否応なくそれに向き合わされた。「分離壁と闘うためには外国人の存在は有用だ」と受け入れることができたひとばかりではない。外国人しかも私のようなオンナが「保護するオトコ」の同行もなく単身乗り込み、ズカズカと村に入り込み、オトコの世界に入り込み、ときには村のなかをかきまわす。そのことを快く思っていないひとがいるのは当たり前のことだった。どれだけ彼らの慣習や文化や思想や価値観を尊重しようと努めても、私のような存在自体が不快であり、違和感しかないと感じるひとに対しては打つ手もなかった。それを隠そうともしないサーメドの存在は新鮮ですらあった。どんなに心のうちでそう思っていても、表面的には当たり障りなく接してくれるひとの方が圧倒的に多かったからだ。

サーメドの姿を目にして一瞬のためらいが生まれた。なにを彼に向かって言えばいいのかわからなかった。「今日村を離れるんです」？　彼にはどうでもいいことだろう。じゃあ無難に「おはようございます」と声をかけるべき？　すると、驚くことにサーメドが立ちどまり、道端からこちらへ顔を向けて「ミカ、今日ビリンを発つんだってね。マアッサラーマ（さようなら）」と少しだけ微笑みながら手を振ってくれた。あまりの驚きにすぐに言葉が出なかった。あわてて手を振り返して「マアッサラーマ、サーメド」と返すと、彼は再び歩き出した。本当に嬉しかった。挫けなくてよかったと心の底からそう思った。

自分にも出発時間が迫っていた。前回、前々回よりも遥かに長くこの家に滞在した今回、楽ではない一家の暮らし向きをひしひしと肌で感じた。さしたる収入もないこの家では貯金を切り崩しながら生活をしていた。それなのに、いつも「お腹がすいていないか？」「お茶は飲んだか？」と案じ、精いっぱいもてなし続けてくれたパパとママにどんな言葉をもってしても感謝の気持ちは伝えきれない。

パパとママと固く抱き合ってお別れをする。「エジプトに戻っても、必要のないときは外を出歩いたりしちゃダメだぞ。タハリール広場なんか行くんじゃないぞ。飛行機の手配ができたらすぐに日本に帰るんだぞ」と私に言い渡すパパ。ビリンではなにをしても小言ひとつ言わないで見守り続けてくれるパパの小言は、なんだか本当の父親のそれのようで嬉しかった。

ラマッラーの大学に行くムハンマドと一緒に出発する。「マアッサラーマ！」大きな声でパパとママに手を振った。ママは涙を流しながら必死に微笑みをつくって手を振ってくれていた。

大きな荷物を抱えてバスに乗ると、村の見知った顔のひとたちが通勤通学のためにたくさん乗っていた。「どうしたんだ、その荷物。帰っちゃうのか？」と声をかけられながら座席に着いた。ラマッラーへ向かう道中、顔見知りのひとばかりが集うバスのなかでは大声で冗談が繰り返され、笑いに包まれた和やかな車中だった。去りゆく村々の景色を眺めながら「このままずっとこのバスに揺られていられればいいのに」と思う。ミラー越しに見えるみんなの笑顔がとてもあたたかくて、自分はこの笑顔に惹かれて、この笑顔が見たくてパレスチナを旅しているんだなとしみじみ思う。

バスは四〇分ほどしてラマッラーに到着。大学へ向かうムハンマドとも別れる。「はやく帰ってこいよ！」とムハンマド。その後ろ姿を見送ると、どこを歩いても知っているひとばかりの村から、どこを見渡しても知らないひとばかりのラマッラーの街中で、急に寂しさがこみあげてきた。でも進まなければならない。これが人生だ。ひとりでそうつぶやきながら、重い荷物を担ぎあげた。

デモで撃たれた怪我人を運ぶ村人たち（ビリン、2011年）

デモの参加者に汚水が放水される（ビリン、2011年）

二〇一二年

二〇一一年一月の「革命」から一〇カ月が経ったエジプト、カイロでは、ちょうど国会議員選挙の真っ最中だった。「これまでサッカーの話しかしなかったエジプト人が変わった。いまではアホワ（カフェ）での話題は政治ばかり。外で自由に政治の話ができる日が来るなんてね」と、一〇年来のエジプト人の友は感慨深げにそう言った。

カイロで多くの友人知人と再会を果たし、「革命」によってどんな影響があったかを聞いてまわった。そして、二カ月後、「革命」一周年の時期の再会を約束してカイロを離れた。

視察同行

ヘブロン、入植者と隣り合わせの暮らし

今回のパレスチナ入りは、日本からのグループを案内する友人美恵子さんに同行するために日程を合わせた。一行と顔合わせをすませ、エルサレムでの第一日目が過ぎた。

ヘブロン旧市街のいちばん端にあるイブラヒムモスク入口には検問所があり、鉄の柵の回転扉を兵

士に指図されながら通らなければならない。見学に来ていた多くのパレスチナ人の子どもたちで検問所はごった返している。

ユダヤ教の預言者アブラハムもイスラーム教の預言者イブラヒムも同一人物で、同じ場所を聖地としている。イブラヒムモスクとマクペラの洞窟は同じ場所をふたつに分けあう形で隣り合い、両側からそれぞれの信者が訪れる。このヘブロンはマクペラの洞窟があるために、ユダヤ教徒にとって大切な場所として、過激な入植者の入植があちこちで進められている。数百人の入植者を守るために数千人の兵士が投入され、ヘブロンの街中は検問所と兵士の姿ばかりが目立つ。

兵士だけではなく、ボーダーポリスという武装した「国境」警備隊もヘブロンでの任務につく。検問所のそばの詰め所に座っている隊員はアラブ人だった。イスラエルに暮らすアラブ人のうち、ドルーズには兵役義務があり、ベドウィンにはイスラエル国防軍への志願を認めている。ボーダーポリスは国防軍とは別の組織だが、いずれにしてもイスラエル社会で生きていくために兵役をこなし、志願し、ボーダーポリスに応募するアラブ人は少なくない。

ドルーズの元兵士の青年にたずねてみたことがある。「アラブの兄弟であるパレスチナ人に銃を向けるってどんな気分だった?」と。その青年は「俺になにができた? 徴兵を拒否すれば刑務所、軍隊で命令を拒否すれば懲罰。俺は彼らに銃を向けて撃つしかなかったよ」と答えた。それを横で聞いていた、また別のドルーズの青年は、「俺はゴラン高原（シリアの一部でイスラエルが占領中）のマジダルシャムスの出身なんだけど、俺の場合は徴兵されなかった。ゴラン高原に暮らすドルーズにはシリアの大学への入学が認められていて、俺もシリアの大学を卒業したよ。でも結局、こっち（イスラエル）に来ちゃったけどね。俺の場合はパスポートもなく、イスラエル人でもシリア人でもない状態。まあ、だからって特別困らないんだけどね」と、勤務先の高級リゾートホテルのプールで話してくれた。

イスラエルのアラブ人社会も複雑だ。彼らはユダヤ人が多数を占める国のなかで建前上は平等な市民権をもち、実際には二級市民として扱われながらイスラエル社会のなかで生きている。その社会のなかで認められるためにもっとも手っ取り早いのが軍隊や武装警察で実績を残すこと。実際にパレスチナで必要以上に暴力的なアラブ人兵士やボーダーポリスの姿を目にすることも少なくない。


西岸地区はＡＢＣ地区に分けられていて、Ａは行政権も治安警察権も自治政府にあり全体の一七％、主要な町の中心部がこれにあたる。Ｂは行政権は自治政府にあるが、治安警察権は共同管理とした地区で五九％。残りがＣ地区ですべての権限をイスラエル政府が握り、地政学的な要衝、地下水脈のある水源地などイスラエル政府に「承認された」入植地が造られた場所もほぼこれにあたる。最初から政府の計画のもとに造られる「正式な」入植地だけでなく、最初は政府の承認もなしに入植者が力ずくで占拠して「アウトポスト」と呼ばれる前哨地をつくることもある。そこで本来の土地の持ち主であるパレスチナ人は抗議をすると兵士やボーダーポリスに弾圧され、「アウトポスト」は黙認され（ときには護られ）拡大を続け、既成事実となったあと政府に「追加承認」されることも多い。

入植地キリヤトアルバに近い地区Ｈ２に足を運ぶ。ヘブロンだけはＡＢＣ地区とは別のＨ１、Ｈ２に分けられていて、旧市街や入植地に近い地区はＨ２として、より厳重な管理がイスラエル軍によってなされており、検問所を越えなければＨ２地区に入ることはできない。子どもたちが遊ぶそばではイスラエル軍のジープが走りまわり、銃を持った兵士が歩いている。

Ｈ２地区はあちこちで入植が進められている。そのため古くからこの土地に住んでいる一家が、気がつけばまわりを入植地に囲まれているということが起きる。そんな状況に置かれている一家アルジャブリ家を訪ねた。まわりにはギブアットハアボット入植地が広がる。一家の主アブドルカリームさんと娘さんのアヤートさんにお話をうかがった。

アヤートさんは学校の先生で英語も堪能。「この地域で暮らすパレスチナ人はつねに入植者の暴力にさらされています。その恐ろしさに外に出ることをあきらめている人たちもいます。私も用事がなければ極力家を出なくなりました。それでも入植者たちは私たちの家にやってきて暴力をふるいます。私たちが旧市街に行くには、いまでは四つの検問所を通らなくてはなりません。そのたびに膨大な時間がかかります。仕事があるので外に出ざるをえませんが、本当に外に出て入植者に会うのが怖い。まるで監獄のようです。自由にのびのびと外に出られないなんて。ただふつうの生活がしたいだけなのに」とアヤートさんが語った。「毎日のように入植者たちから『ここを出ていけ』と叫ばれるんです。どうして私たちが?」。多くの住民が暴力や嫌がらせに耐えきれずこの町を離れた。

旧市街を抜けて入植者に占領されたシュハダー通りを歩く。一階は追い出されたパレスチナ人がかつて住んでいた住居などで、二階以上の部分に住宅を建て増し、入植がすすむ。ヘブライ語で「ヘブロンの勇敢な人びとが暮らす地域」と書かれ、ここにはエルサレムへの直通のバスやシェルート（乗り合いタクシー）の停留所もある。シュハダー通りにも軍事基地があり、ボーダーポリスの隊員があちこちに銃を構えて立っている。入植者に脅され、暴力をふるわれながらも自分の家を守っている住民は、そのバルコニーに金網を取りつけ、そこには「気づいて、ここはイスラエルによって奪われた通り。これがアパルトヘイト」と書かれている。

パパの話に笑うママ（ビリン、2011 年）

ハムディの遠い親戚のおばあさん（ビリン、2011 年）

ハムディ出発前夜、左からパパ、ソハイブ、ヘルミー、ハミース、ママ、ハムディ、ファトヒーヤ、イマード（ビリン、2011 年）

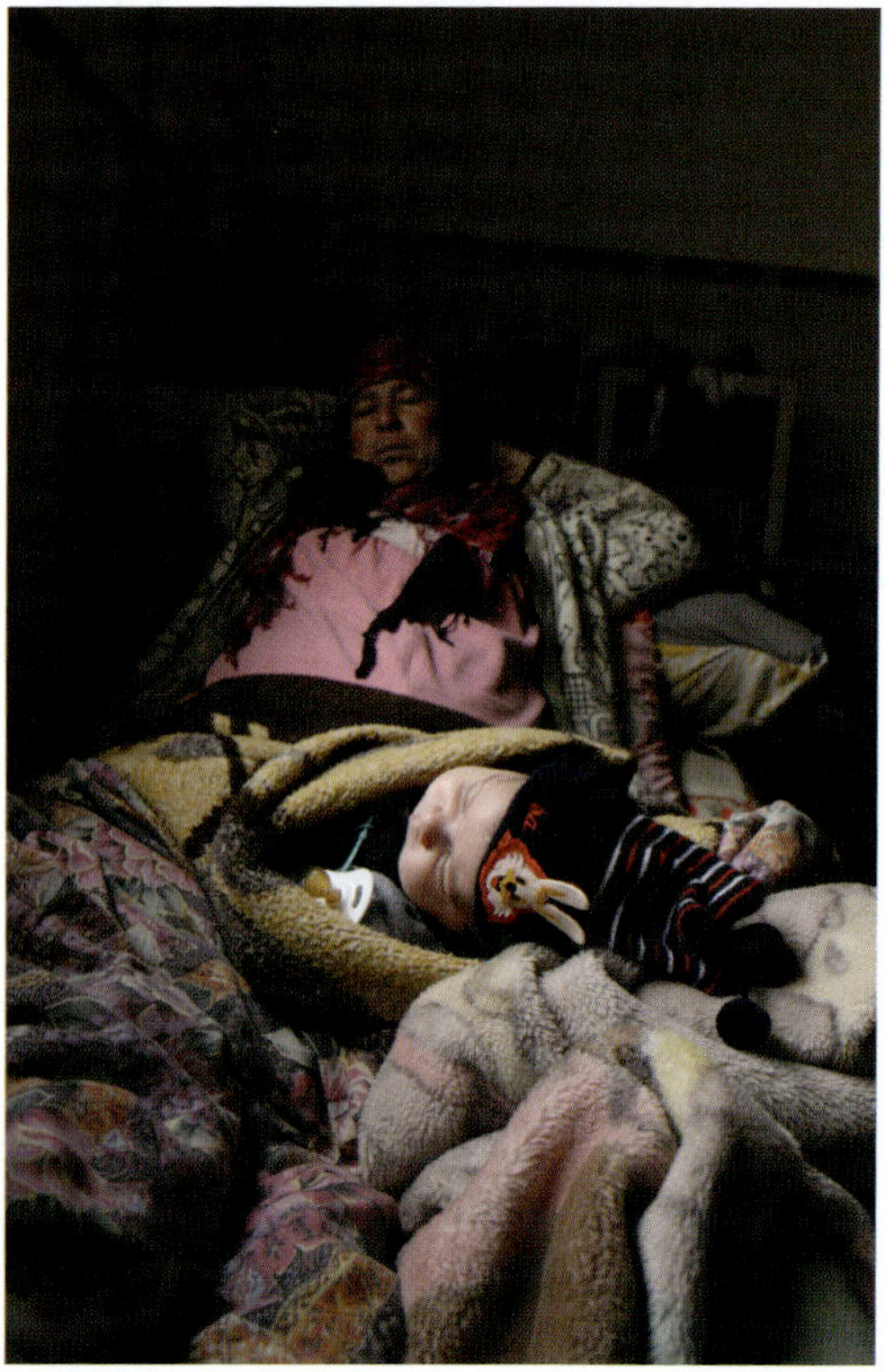

ハムディの出発後、イマーンが息子クサイを連れて里帰りしたが、ママは誰とも口をきかなくなった（ビリン、2011 年）

娘のトゥトゥを抱きしめるアディーブ
（ビリン、2011 年）

庭先でのハイサムとカルミー（ビリン、2011 年）

手を縛られて目隠しをされて分離壁フェンスのそばで拘束された 14 歳のジャマール
（ビリン、2011 年）

娘ジャワーヒルの死後 40 日の追悼集会でのソブヘイヤ
（ビリン、2011 年）

デモの帰り道、道端で摘んだバラを差し出してくれたオウダ（中）とバーセル（左）、ヌール（右）（ビリン、2011 年）

パン屋のお兄さん
（ナーブルス、2011 年）

旧市街にあるハンマーム（公衆浴場）の休憩室
（ナーブルス、2011 年）

コーヒースタンド横に腰掛けるアブーアラアとアブーハーニー（ナーブルス、2011 年）

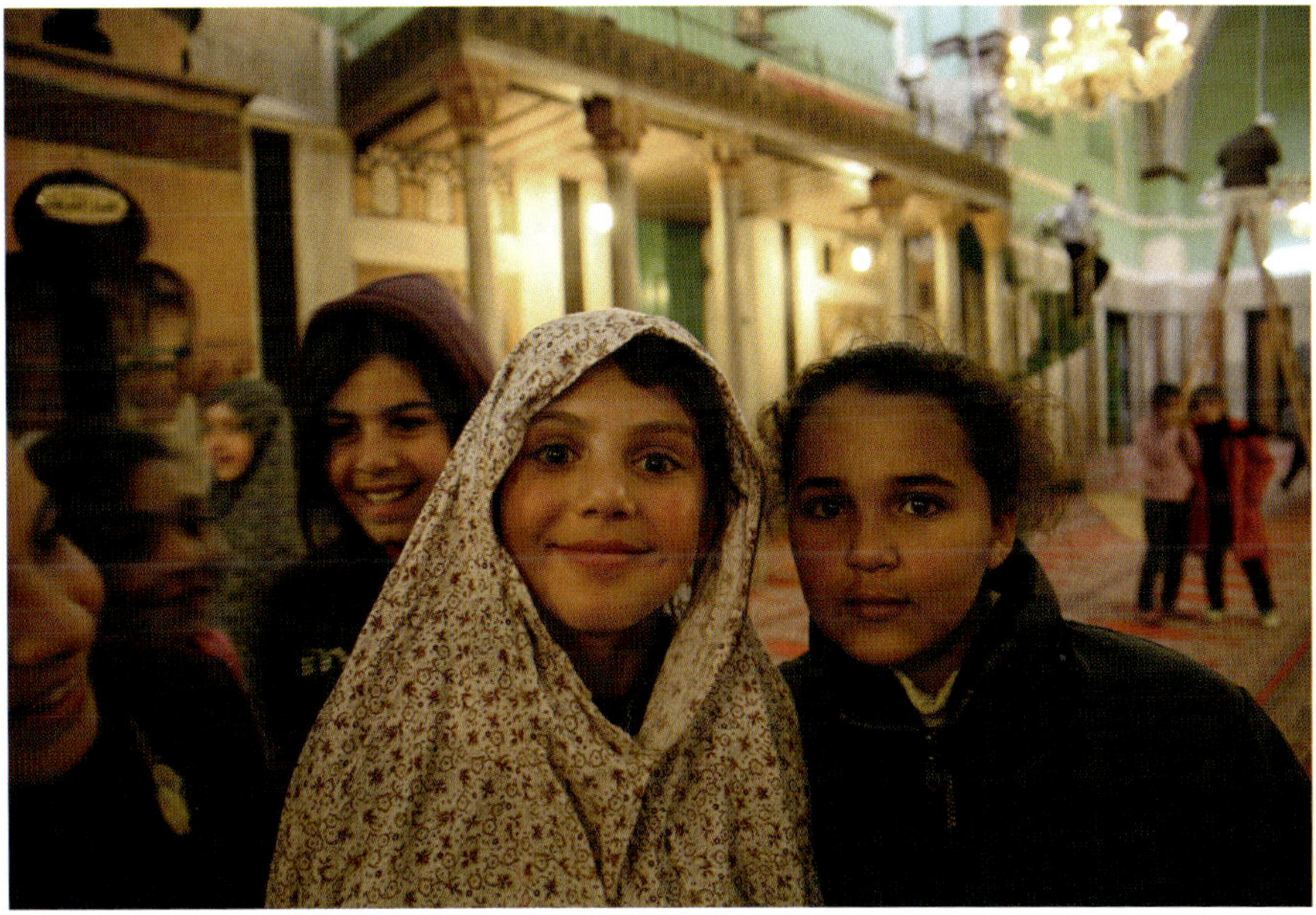
イブラヒムモスクに見学に来ていた子どもたち（ヘブロン、2011 年）

当局による家屋破壊が進められるブスターン地区の子どもたち（シルワン、東エルサレム、2011 年）

アルワラジャに建設中の分離壁、右側がイスラエルが実効支配する「大エルサレム」に組み込まれる（アルワラジャ、2011 年）

ナビーサーレハで射殺されたムスタファ・タミーミ氏の追悼ポスターをデモで掲げるラーテブ（右）とイスラエル人参加者（ビリン、2011 年）

水煙草を吸うサリーム
（ジェニン難民キャンプ、2011 年）

浴室でイマードの散髪をするマハ（ジェニン難民キャンプ、2012 年）

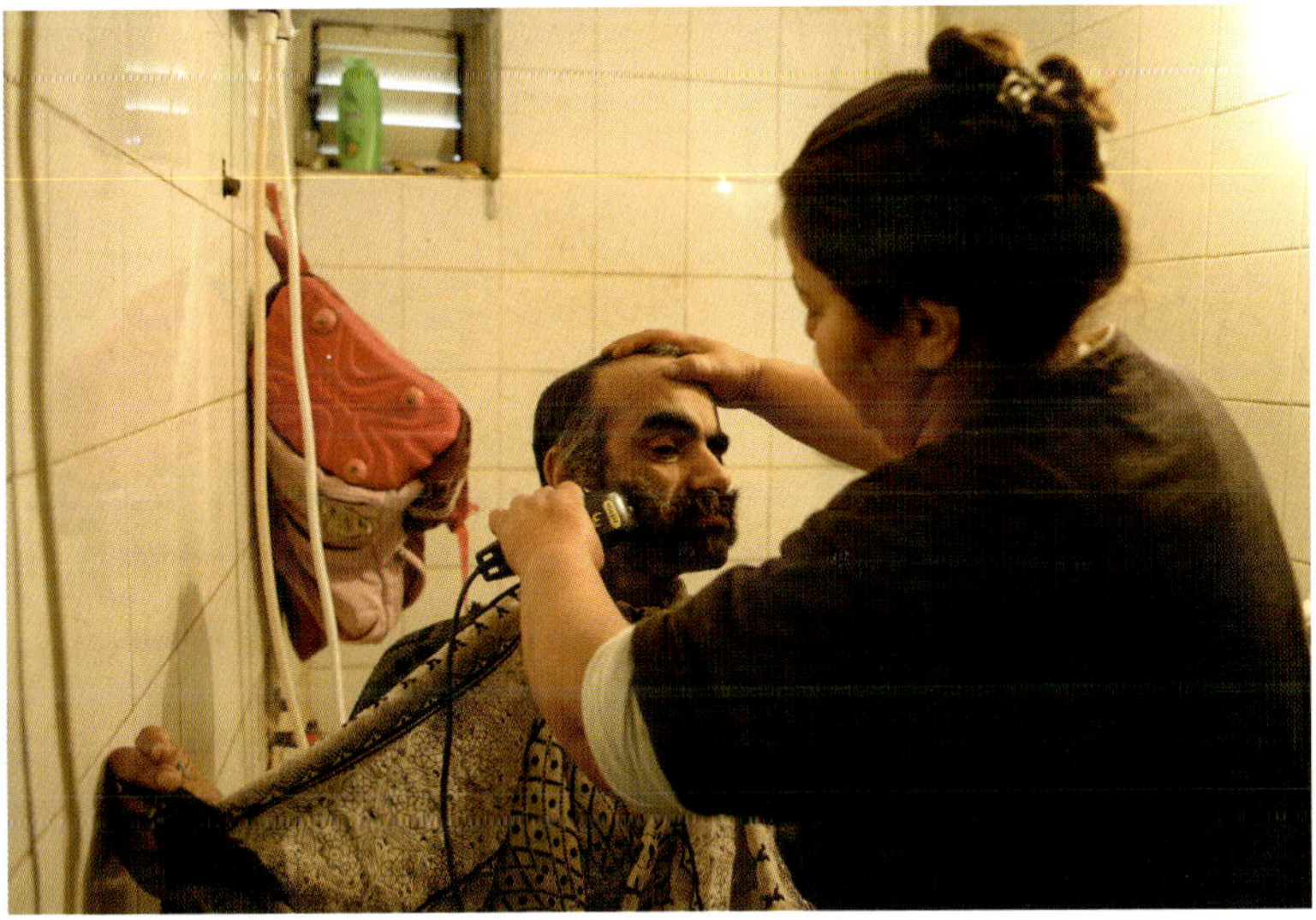

みずからが演出する舞台の稽古をするカイス（ジェニン難民キャンプ、2012 年）

職場のレストラン「トロピカーナ」で働くムハンマド（ジェニン、2011 年）

村の最年長男性アブーハーニー（ビリン、2012年）

口体験入園をしたカルミー（ビリン、2012年）

返還された土地の岩を砕き整地して畑にするアハマド
（ビリン、2012 年）

父親の畑のそばで花を摘むアハマドの娘ヌール（ビリン、2012 年）

村のなかに入り込んでくるイスラエル軍兵士（ビリン、2012 年）

アブーアラアのコーヒースタンド、長男アラア（左）、次男オサマ（右）と（ナーブルス、2012 年）

ハイサムの長男ムハンマド（左から３人目）の誕生日パーティ（ビリン、2012 年）

マンスール（左）とターメル（右）兄弟が働く修理工場
（ナーブルス、2012 年）

「革命」一周年のタハリール広場（エジプト、カイロ、2012 年）

木の上でエジプト国旗を掲げる
（エジプト、カイロ、2012 年）

ラーエドと旧市街の城壁めぐり（エルサレム、2013年）

パレスチナ自治政府紋章の鷹がピストル自殺しているという諷刺画（ラマッラー、2013年）

坂を上っていくとテルルメイダ地区がある。入植者と隣り合って暮らすエルアッザ家にお邪魔した。娘さんのスンドゥスが状況の説明をしてくれる。この一家も毎日のように近隣の入植者から脅され、暴力をふるわれている。お父さんは通りで兵士に捕まり殺すと脅されたあと、電線に引っかかった旗を指差され「あれを取ってきたら許してやる」と言われ、旗を取ろうとした瞬間に感電し、患部を切断するしかなくなったという過去をもつ。息子のユーセフは入植者の女に捕まり、口に石を詰められたことがある。壮絶な体験を一家はさせられている。重い気持ちで町を離れた。

ビリンへ

ジェリコのアクバットジャバル難民キャンプで数日を過ごしたあと、ビリンへ向かった。ハイサムの家を訪ね、ハイサム、ハウラ、ムハンマド、カルミーと再会を喜ぶ。軍事刑務所から釈放されたハイサムの弟のアシュラフとも約二年ぶりの再会を果たす。

二〇一一年七月に分離壁建設予定地に張られたフェンスが撤去されて初めて参加するデモ。フェンスが張られていた場所は一面更地になり、その丘を越えてさらに進むと、巨大な入植地と分離壁がそびえたつ。アブーライムーン（レモンの父）と呼ばれる壁の前がデモのゴール。ただ参加者は少なく、デモ行進の道のりが延びたためか一体感もなく、たんたんとしたデモだった。見知った顔も少ない。フェンスの向こう側に土地をもっていたひとのうち、土地を返還されたひとたちは、デモにあまり参加しなくなったと聞かされた。

この日、ビリン村同様に民衆の非暴力抵抗運動を続けているナビーサーレハでは、村在住のムスタファ・タミーミさんが撃たれて殺された。

「実家」では、ママ、イクラーム、イルハーム、ムハンマド、ファトヒーヤ、ムスタファ、サブリーン、ヘルミー、ハミースと再会。ヘルミーとハミースは結婚し、サブリーンのお腹のなかには新たな命が宿っている。「二月にはハムディが里帰りをする」と、ママが笑顔だったことがいちばん嬉しい。

アルワラジャ、新たな分離壁の建設

次の目的地は、ベツレヘム近郊のアルワラジャ村。アルワラジャはエルサレム郊外の入植地ギロに隣接しており、このギロのアネックスとして造られている入植地ハルギロは、この村の土地の一部に造られている。これらの入植地自体グリーンラインよりもパレスチナ側に侵食して造られているもので、完全な国際法違反である。アルワラジャよりも東にあるギロも、南東にあるハルギロもそれらの「入植地を守るため」の分離壁によって、既成事実としてイスラエルが実効支配する大エルサレムに組み込まれようとしている。

二〇一一年一二月現在、アルワラジャの一部を分断するように分離壁が建設中である。そして近隣のハルホマ入植地でも多くの住宅が建設されている。ほかの多くの入植地同様その建設現場で働くのは、占領への反対などせず口を閉ざすことと引き換えに与えられる労働許可証を手にしたパレスチナ人労働者である。

これまでアルワラジャからエルサレムへといたる街道に検問所こそあったものの、その距離は八キロほどと近く、つながりは密接だった。ベツレヘムやベツレヘム郊外のベイトジャラなどの町も二〜五キロほどの距離でしかなく、通勤や買い物など周辺の町や村が生活圏であった。ところが現在、村はぐるりと分離壁に囲まれはじめており、分離壁が完成すればほぼ四方を囲まれることになり、それらの町や村とは分断される。壁に囲まれた村のなかには高校や診療所もなく、よりいっそう基本的な生活が脅かされようとしている。

一軒の家に案内された。目の前にはこれから分離壁が建設されるために周囲は立ち退かされ更地になった土地が広がる。その建設予定線上に立って右前方（北東）に一軒の家がみえる。その先にはギロ入植地が広がる。この家は一軒だけ立ち退きに応じず、分離壁の向こう側（入植地側）に取り残されることになってしまったという。

この家の当主はオマルさん（四二）。妻と三人の子どもたちと暮らしている。家のまわり三方にはこれから電流の流れるフェンスが張り巡らされ、ギロ入植地やその先のイスラエル領内には出られないようにされる。家の正面出口前にはこれから巨大なコンクリート製の分離壁が建てられる。壁とフェンスで四方を囲まれるオマルさん一家の唯一の出口となるトンネルが掘られていた。このトンネルによってのみオマルさん一家は外に出ることができ、村とつながる。これから一家を襲う苦難を思うと暗澹たる気持ちになった。

「とにかく息子たちのことが心配だ」とオマルさんは言う。それまでは、二～三キロの道のりだった通学が壁と検問所が出現することで三倍もの道のりになる。壁に囲まれた暮らしを悲観し、スズメの涙ほどのわずかな立ち退き料を手に、多くの隣人たちが村を去ってヨルダンに渡ったそうだ。「俺は絶対に立ち退かない。壁を目の前に造られても後ろをフェンスで囲まれても。どうして自分が先祖から受け継いできた土地なのに出ていかなきゃならないんだ？　どんなことをしてもパレスチナ人の魂までは消せない」とオマルさんは話した。彼は立ち退きに応じなかったせいなのか、それまで永年間題なく手にしていたイスラエルの労働許可証の更新が果たせなかった。

ジェニン難民キャンプ再訪

ジェニン難民キャンプは二〇〇九年の夏に訪ねて以来、なかなか足を踏み入れられなかった場所。出会ったひとたちの心の傷を受け止めきれなかった苦い思い出があるからだ。

ジェニン難民キャンプの人口は一二二五〇人（UNRWA〔国際連合パレスチナ難民救済事業機関〕、二〇一五年）。この難民キャンプの難民の多くが、イスラエル第三の都市ハイファやガリラヤ地方など北部の五四の町や村から逃れてきたひととその子孫。地図をみるとその距離の近さに驚かされる。ハイファとは五〇キロ弱、ナザレとは三〇キロほどしかない。しかし「故郷」を難民が訪れることは一生涯不可能に近い。

ほかの難民キャンプ同様、貧困と失業は大きな問題で、若年層が未来に希望を抱きにくい。そのようななかで、二〇〇〇年の第二次インティファーダがはじまり、ジェニンからも自爆攻撃へと向かった若者が出た。これ以上なにも失うものがない難民の多くが、自分たちの「故郷」への帰還権や補償までを無視された「和平」になんの希望も抱いていないことは、それまでも随所で感じられた。彼らは最低限の「援助」と引き換えに、その権利などは無視され、文字どおり「放置」され続けてきた。難民キャンプの若者が今生の絶望や怒りを抱えて自爆に踏み切ることもあった。

二〇〇〇年以降、各地へのイスラエル軍による軍事侵攻が続いたが、二〇〇二年四月、「自爆テロ犯とその実行組織を破壊するため」と「防衛の盾作戦」が遂行され、ジェニン難民キャンプもその標的となった。根強い抵抗を続けていたファタハのアルアクサー殉教者団、ハマースやイスラーム聖戦機構の軍事部門などの組織を潰すとして難民キャンプを戦車が取り囲み、空からはミサイルが撃ち込まれた。この作戦は同年五月まで続けられ、多くの一般市民も殺された。

私が訪ねた二〇〇九年は、それから七年という歳月が流れていた。表面的には瓦礫は取り除かれ、湾岸諸国などの援助によりキャンプは復興を果たしていた。

しかしキャンプのあちこちに弾痕が残り、人びとに「いまさらなんの用だよ?」「いちばん来てほしかったときには、ほとんど誰も来なかったくせに。世界は俺たちを見捨てたくせに」「あんたたちジャーナリストやカメラマンになにができるんだよ」と冷たく鼻で笑われた。子どもにしつこく金をせびられ、応じずにいるとカバンを蹴られた。キャンプで出会った子にカメラを向けると、その子は指で銃を形づくり「タクタク（バンバン）」と銃を撃つ真似をした。たった数時間の出来事だった。でも、そのわずかな時間に垣間見た難民キャンプの人びとの心の傷に、私は耐え切れなくなった。

その虐殺が起きた二〇〇二年の春先、私は毎晩風呂場で湯をかぶりながら泣いていた。流れてくるニュースに耐えられなかった。パレスチナに向かいたいのに生活はギリギリで旅費すらもなかった。「アルバイトでお金を貯めてパレスチナに戻る」と日本に帰国したはずなのに、生活に追われるばかりでパレスチナが遠ざかっていた。ジェニン難民キャンプの人びとが味わう苦しみと、自分自身のふがいなさが耐え切れなかった。

「お前になにができる?」と私をあざ笑う目の前の男性は、あのときのふがいない私の姿を知っていたかのようだった。恥ずかしさと情けなさで逃げ出したくなった。一刻も早くこの場を立ち去りたかった。

もう帰ろう、そう思って歩いていると、前歯の抜けた少年が「どこ行くの?」とニッコリ笑っていた。「時間があるなら、一緒に人形劇を観に行こうよ。チケットをあげるからさ」と誘ってくれた。ためらっていると「フリーダムシアターのチケットはただなんだよ。キャンプの子どもは招待されるの。ほら、行こう」と手を引っぱられた。

フリーダムシアターのことは以前から知っていた。ジェニン難民キャンプの子どもたちが集い、演劇などの表現を通して一緒に成長できるようにと、アルナ・メールというイスラエル人女性がその人生をかけてつくり、難民キャンプの子どもたちを育ててきた劇場だった。そのドキュメンタリー、彼女の息子ジュリアーノ・メール・ハミースが撮った『アルナの子どもたち』は日本でも公開された。そのフリーダムシアターでの人形劇だという。

小さな劇場は子どもたちでいっぱいだった。何度も観てストーリーを覚えている子どもたちが劇の台詞にあいの手を入れ、歓声をあげている。内容はさして覚えていないが、子どもたちが楽しそうに笑っていた顔が忘れられない。一日の最後を温かな気持ちで終えられて、少しだけ救われたような気持ちになった。

それ以来ジェニンからは足が遠のいたまま二年半が過ぎていた。次の訪問先はそのフリーダムシアターだった。春に劇場の外でジュリアーノが暗殺されたばかり。犯人はいまだに捕まっていない。シアターの活動を快く思っていなかったキャンプ内部の過激派の犯行説、イスラエルの情報機関に雇われたパレスチナ人の犯行説、いまだにさまざまな噂がささやかれている。シアターの関係者は「男女一緒に舞台に立つような活動をやめろ」と脅されているそうで、劇場にかかわる人びとは文字どおり命をかけて小さな劇場を守ろうとしている。カリスマ的な創始者アルナ、母親の遺志を継いだジュリアーノのふたりを失って、寄付も減ったシアターは財政難に苦しんでいる。集える場所も、熱中することも、お金もない、そんな難民キャンプの子どもたちが安心して集える場所をつくってきた母子。その思いを継ぐ人たちの努力でいまも劇場は運営されている。

ジェニン難民キャンプのアワード家

アワード一家との出会い

この劇場で俳優として舞台に立つ二三歳のカマールに出会った。カマールは「宿泊先なら、うちにどうぞ」と言い、大人数で突然押しかけるにもかかわらず「晩ご飯もうちでどうぞ」と言う。

カマールの家の扉を開けると一〇畳ほどの広さの居間に、ところどころ破れた古ぼけたマットレスとクッションがコの字型に敷き詰められ、真ん中にブルーシートが敷かれ、その上にトマト、アボカド、フライドポテト、ホモス（豆をすりつぶしたペースト）とパンが並べられている。カマールの母親が急いで用意してくれたものだった。暖房器具のないその家では、寒さを防ぐために、ところどころ剝がれたタイル張りの床の上に薄いベニヤ板が敷かれ、割れたままの窓ガラスにビニールが貼りつけてあった。

カマールが一緒に暮らす家族は、父親のイマード（四四）、母親のマハ（四五）、弟で次男のムハンマド（二二）、四男サリーム（一七）、妹で次女のエリヤ（八）。三男のジャマール（一九）は自治政府の警察組織に入っていて宿舎生活、長女のアヤ（二四）は嫁ぎ先のブルカという村で暮らしている。カマールはこの家の長男で、早朝から難民キャンプ内の清掃スタッフとしてゴミ収集をしている。昼過ぎに仕事が終わり、そのあとシアターで演劇の稽古をしている。

父親のアブーカマール（イマード）は、両手で頭を抱えたままひとことも発しなかった。彼が寝息をたてたあと家族に話を聞くと、二〇〇二年にキャンプが制圧されてイスラエル軍の攻撃がはじまったとき、ファタハの活動家だったアブーカマールはイスラエル軍兵士に身柄を拘束され、二四日間行方不明になり拷問を受けた。このとき男性にかぎらず多くの女性や子どもまでもが殺された。二〇〇二年八月に公表された国連の報告書 Report of Secretary General on Recent Events in Jenin によると「防衛の盾作戦」でパレスチナ人四九七人が殺され、一四四七人が負傷したとされている。そのなかで、連れ去られ拷問を受けながらも生き延びられたことは奇跡に近い。しかしそれ以降、徐々に体調を崩しはじめた彼は、三年後、ついに自分の力では立てなくなり、言葉もほとんど発しなくなった。一日中頭を抱えたままうつろな目で部屋の隅に座っている。「おそらく拷問を受けたときに相当脳にダメージを受けたのでしょう。本人が嫌がったり痛がったりするとは思いますが、できるだけ手足や体を動かすようにしてあげてください」とグループの理学療法士Sさん。家族は押し黙って下を向いた。

家族六人の住居は居間兼寝室の一〇畳ほどのサロン、四畳半ほどの部屋、六畳ほどの部屋とトイレ、台所、浴室というもの。浴室のシャワーは壊れ、温水も出ず、台所の大鍋で湯を沸かして一家はそれで湯浴びする。六畳の部屋では朝の早いカマールが早めにやすみ、四畳半の部屋では夕方レストランの仕事を終えたムハンマドがパソコンでDVDなどを観ながら過ごしている。その夜は一〇畳の部屋でカマール以外の息子たちふたり、エリヤ、マハ、アブーカマールとグループの男性四人が眠り、四畳半の部屋では女性四人が眠った。

翌朝、グループの皆さんとはここでお別れ。「ミカだけでも、もっとここにいればいいのに」と一家に引きとめられ、ここに残ることに決めた。かつて逃げ出したこの場所の「日常」を知りたい、「難民」と呼ばれる人たちがなにを思い、どんな暮らしをしているのかを記録したいと思った。

難民キャンプでの居候のはじまり

母親のマハがトマト農場に仕事に行くという。タクシーは難民キャンプ内で車をもっている知人のアブーハディード。完全な白タクではあるが、これもキャンプ内の相互扶助なのかもしれない。電話一本で車をまわしてくれる。片道二シェケル（五〇円ほど）払って農場へ。そこは巨大なビニールハウスの並ぶ本格的な農場だった。ここでトマトの収穫と草取りをするのがこの日の仕事だという。ビニールハウスの中はトマトの成長を促すため湿気も気温も高く、少し動くだけで汗が噴き出してくる。作業用の靴に履き替え、手袋をはめて、マハは泥だらけになりながら仕事をする。撮影だけでは時間を潰しきれないので手伝ってみたが、かなりの重労働。マハは「ミカはなにもしなくていいよ。そこに座ってコーヒーでも飲んでいて」とコーヒーポットを渡してくれる。

この仕事には「力のある男性しか募集してない」という農場主イマードに「男性と同じだけ仕事ができます。その自信はあります」と猛アピールしてついた。その言葉どおり、どんなに重いコンテナもマハは根性で運び積み上げていく。夫のアブーカマールが拷問に遭って体を壊したのは、夫妻がまだ三〇代なかばのころだった。小学校しか出ておらず、これといった資格や技術のない彼女は、働けない夫の代わりに日雇いの肉体労働に従事して子どもたちを育てた。マハの節くれだった指や手や疲れ切った肩や背中のマッサージをするのが、その夜から居候の私の役目となった。

その夜はアルミ製の大きな皿のような容器にヒツジのミンチ肉とスパイスを混ぜてオーブンで焼いたコフタが食卓に並んだ。マハはへとへとになって仕事から帰ってきてからも、今度は部屋の掃除や炊事など家の仕事をこなしている。居候の私も掃除、皿洗いと張りきる。

マハが語った二〇〇二年のこと

ある夜の夕食後、マハは大好物のコーヒーを飲みながら二〇〇二年の軍事侵攻のときのことを語ってくれた。「キャンプが制圧されて外に出ることもできなくなった。家の中でじっとしながらもお腹が減る。家にあるものをかき集めて、停電の暗い中で調理をして子どもたちに食べさせた。イマードは連れ去られて帰ってこない。家には頻繁にライフルの銃座でドアを叩く兵士が来る。地下組織のリーダー格の青年たちがこのキャンプには何人もいたから、彼らの捜索にイスラエル軍兵士が躍起になっていた。そんな青年たちを少しのあいだ匿っていたこともある。でもみんな最後には『インムカマール（マハの通称）、ありがとうございました。僕たちがここにいると迷惑がかかりますから』とすぐに立ち去って行った。殺された子もいれば、捕まった子もいる。みんな家族や大切な人を守りたかっただけ。国とか領土とか大義よりも、ただふつうに暮らしていたいだけだった。結局多くの人が殺された。そのうち当時まだ一二歳だったムハンマドがイスラエル軍兵士に連れ去られた。両脚をライフルで殴られて折られ、ゴミ捨て場に放置された。まわりでは戦闘が起こっている。一瞬の小休止の合間をぬって近所の人がムハンマドを助け出してくれた。両脚を複雑骨折させられたムハンマドは、走ったりスポーツをしたりできるようになるまでかなり長い年月がかかった。

次はサリーム。まだあの子は八歳だったのに、キャンプの入口で兵士に太ももを撃たれた。近所の人が『サリームが撃たれたのを見た』と話し、サリームが帰ってこないことで私はパニックになった。戦闘はやまない。サリームを探さなきゃと気持ちばかりが焦った。そんなとき近所の人が『サリームは撃たれて病院（キャンプの入口にある）に入院している』と教えてくれた。戦闘は続いていたけれど、一瞬の静けさを狙って病院に走った。そこで生きているサリームに対面すると、気が抜けて崩れ落ちそうになった。サリームがそのときなんて言ったと思う？『お母さん、せっかく新しく買ってもらったズボン、ダメにしちゃってごめんなさい』って泣くの。おかしいやらホッとするやら」。

この一家の、目の前に広がるささやかな日々の営みは、いくつもの苦難を乗り越えたすえのもの。

ここに六十数年前、難民として逃れてきたアブーカマールの父親は、ハイファ近郊のゼライーンという村の出身だった。一家の居間にはアブーカマールによく似た、いかにも農夫といういでたちの男性の写真が飾られている。それがアブーカマールの父親。四四歳のアブーカマールも、故郷のゼライーンのことはほとんど知らない。生まれも育ちもこの難民キャンプ。ましてや難民三世となるカマールやムハンマドやサリームにとって、故郷ゼライーンの話を聞かされていても、どこか遠い地のことのように感じるようだ。難民発生からの年月の長さを思う。

アワード家の暮らし

毎朝五時半、カマールが清掃の仕事に行く。七時、ムハンマドの目覚ましが鳴る。マハがコーヒーを沸かし、ムハンマドは布団の中でコーヒーを飲みながら煙草をふかす。アワード家に居候するようになってから、一〇畳の部屋に私、マハ、エリヤ、ムハンマド、サリーム、アブーカマールと六人で寝るようになった。

「毎日朝から晩まで仕事、仕事。もう、うんざり」とムハンマドがため息をつきながら支度をする。ムハンマドは一家でいちばんの稼ぎ頭。みんなが自分の稼ぎをアテにしてのしかかってくるように彼は感じている。建前を大切にするパレスチナ社会。兄弟、家族間でも、困っているひとやもてないひとに、余裕のあるひとが援助するのを当然とする社会。そんななかで「自分の金は自分のため」と豪語し、あまり家にお金を入れたがらないムハンマドの率直さは新鮮でもあった。

ムハンマドが出ていくころ、今度はエリヤが起き出して小学校に登校する。エリヤは小学二年生。深夜に頻繁にイスラエル軍兵士に急襲されるストレスか、おねしょがなかなかおらない。いつも「学校に行きたくない」とぐずる。マハに小学校で買うおやつ代兼朝食代二シェケル（五〇円くらい）もらうと、しぶしぶ学校に行く。勉強は苦手なようだ。

サリームは中学時代は成績優秀だったが、高校には進学しなかった。金銭的な理由もあるだろうし、マハが外に働きに出ているあいだアブーカマールの介護をする人手も必要だった。ふだんは家族に排せつ介助の余裕がなく介護用のおむつを履いて生活している。父親が大丈夫そうなときはサリームも短時間バイトに出かける。兄ムハンマドが働くレストランのウェイターをしている。

マハと近所のインムムハンマドと三人でトマト農場に向かう。近所のよろず屋でお菓子やジュースをみんなのためにと思って買えば「欲しいものがあるなら言って。ミカにお金を払わせるなんて……」と叱られる。日々のご飯代も払わせてもらえない。決して一家に余裕があるわけでもないのに。実際、一家は毎朝のように「布団の下に一シェケル落ちていないか」「誰かのポケットにお金が残っていないか」「あと一シェケルあればパンが買えるのに」と言い合うが、私が「持っているよ」と言うと「ミカはいいから寝てな」と必ず言われた。だとしたら、マハの農場での仕事を手伝うしかないと考えた。作業完了の面積が増えれば増えるほどマハの収入になる。自分の食いぶちは自分で稼ごうと決める。もちろん、そんなことはマハに言えるわけがない。「撮影のため」と同行し「おもしろそうだから手伝うね」と、いぶかしがるマハを横目に、トマトの完熟に必要な日光を遮る不要な葉を剪定し、落とした葉を拾い集める。五〇メートルほどのレーンが二〇以上広がる。気が遠くなるような作業だ。

朝食兼昼食を持って来たホモス、ファラーフェルとパンですませる。金銭的な理由からかアワード家では一日二食のことが多かった。一家の朝昼兼用食の定番はホモスとファラーフェル。マハがポットに入れて持ってきてくれたコーヒーがなによりの楽しみ。コーヒーを飲みながらうまそうにエルサレムでつくられている煙草ジャマールをふかすマハはくつろいだ表情。

農場主のイマードに会った。微笑みをたやさない物腰の柔らかいひとだったが、マハに言わせれば「ひとづかいの荒い、ケチ野郎」とのこと。本人も作業着を着て仕事に励んでいるので、ひとをつかって高みの見物的な「いかにも地主ふう」な農場主ではなかったが、故郷の土地や財産をすべて失った難民家族と、広大な農場を有するひとの境遇の違いを感じた。

農場での一日の終わりに、マハもインムムハンマドも用意してきた大きなバケツに山盛りのトマトを入れて帰る。「どうせ給料はなかなかもらえないし、これも報酬みたいなもの」とマハはウィンクする。マハはパパとママのためにもひと袋、ハイサムの家にもひと袋つめて渡してくれる。帰宅のために白タクを電話で呼んで、アブーハディードにもひと袋渡した。

夕方、一家全員で二台の車に分乗してジェニンの隣町に住むアブーカマールの妹一家が暮らす家に遊びに行く。そこは新築の豪邸のような家。難民キャンプ育ちのアブーカマールの妹は、結婚して難民キャンプを抜け出した。その家は新築で、お披露目の招待だった。広い家のなかを案内してもらいながら、「すごい」と感嘆の声をあげるばかりのマハ。しかし、ピカピカのマットとクッションに横になり、真新しい欠けのないカップでコーヒーを飲んでもなんだか落ち着かない。

難民キャンプの家に戻り、いつもの場所に腰を落ち着け、使い古したクッションを背にあてて、寒い寒いとみんなで毛布にくるまりながら欠けたカップでコーヒーを飲む。「ああ、やっぱりここがいちばん落ち着くな」と思わず漏らすと、みんなが笑った。

私はすっかりアワード家のみんなに魅せられていた。明るく優しく懐の広いマハ、おもしろくて大らかで個性的なカマール、自分の世界を守りながらわが道をゆくムハンマド、ひょうきんさと優しさのかたまりのようなサリーム、みんなにおもちゃにされている末っ子のエリヤ、まだ会ったことのない電話で話すだけのアヤとジュジュ（ジャマールの愛称）、そして部屋の隅にうずくまっているアブーカマール。この一家のことがたまらなく好きになっていた。

翌日、トマトのお土産を持ってビリンへと向かうことにした。「一月一日はみんなでベザリヤ（マハの故郷）に行こうよ」「ジュジュがもうすぐ休暇で帰ってくるからそのときはミカも戻ってきて」と、送りだされた。

カマールの連行

ビリン滞在中、マハから「夜中にイスラエル軍兵士が家に来てカマールが連行された」と電話が入る。このころ連日のようにフリーダムシアターの関係者が連行されていた。表向きは春に暗殺されたジュリアーノの事件にかんする劇場関係者への聴取と言うことだったが、あれから八カ月もたったそのタイミングでの連行や聴取は腑に落ちなかった。美恵子さんは「外国人が大挙してやってきて、フリーダムシアターでインタビューして、カマールの家に泊めてもらったことと関係するかもしれない」と言う。カマールや彼の一家に迷惑がかかったのであれば、たまらない。この占領下では、自分たち外国人の行動が思わぬ波紋を呼ぶことが多々ある。そのことを戒めとして、よくよくみずからの行動を考えていかなくてはならない。「やるべきこと」を免罪符に現地の人びとを傷つけることは許されない。占領こそが諸悪の根源とは言えども。

幸いカマールは一日で「釈放」された。本人に電話をしてみると、いつものようにおどけてばかり。「大したことは聞かれなかった。ただ、ＩＤカードを取り上げられたまま返してもらえなかった。持っていないと検問をうけたときにえらい目に遭うからまいっている」と言いながらも電話の向こうで笑っている。マハにもカマールの様子をたずねるが「心配しなくていいよ。大丈夫。今回はとくにひどい目に遭わされたわけでもなかったみたいだから」と、マハも私を安心させようと笑っている。それ以上は聞かないほうがいいのかなと電話を切った。

ベザリヤへ

マハの実家があるベザリヤは、ナーブルスから車で三〇分ほどの距離にあり、ナーブルスの北部から西のトルカレムへ向かう道をしばらく走り、壁と有刺鉄線に囲まれたイスラエル軍のシェブショムロン軍事基地に出会うと、そこから北上して再び西へと向かった場所にある。

実家には母親インムカーセムが暮らしている。マハにはふたりの妹と四人の弟がいて、父親はこの年（二〇一一年）の夏に亡くなったばかり。マハは父親を深く愛していた。「父は農業のかたわら遺跡の発掘のようなことをやっていた。このベザリヤ周辺、とくにナーブルスからサバスティヤにかけてはローマ時代の遺跡も残る。父はいつも、古いものを探す小旅行に連れていってくれた。私は父と過ごす時間が大好きだった。その時間こそが私にとって学校のようなものだった。大切なことはすべてそこで教えてくれた。ずっと父のそばで暮らしていたかった。でも父から『おまえが嫁にいかないと妹たちも嫁にいけない。悪い相手じゃなさそうだから嫁いでくれ』と頼まれた。しかたがなかった。よほどの理由がないかぎり求婚を断るのはエイブ（恥）だと考えられていた。だから請われるままにイマードと結婚した。最初は難民キャンプも夫も夫の家族もいやでしかたがなくてね。帰りたくて泣いてばかりだった。本当に泣いて帰ったこともある。でも父から『ジェニンに帰りなさい。辛抱しなさい』と叱られた。父と母みたいに愛し合ってお互いを思いやっている夫婦がうらやましかった。私はイマードをそんなふうに愛せなかった。そしてイマードも体が不自由になる前は私のことを殴ってばかりだった。もちろん父には一度も殴られたことがない。イマードは気に入らないことがあるとすぐに私や子どもたちを殴った。イマードに対して二五年連れ添ったなりの情はあるけれど、愛ではないと思う」とマハ。

このベザリヤは、現在のイエメンにルーツをもつマハの祖先が切り拓いた村だそうだ。「大昔、私たちの祖先は、かたき討ちのためにこの地にやって来たと言われている。そしてなぜか故郷には帰らずここで暮らすことにした。それが一家のルーツ。母方はもとは遊牧民だった」とマハは話す。村中がほとんど親戚にあたる。マハが親戚や子ども時代からの友人知人に囲まれて、難民キャンプにいるときよりもはるかにくつろいだ表情になるのが印象的だった。

ベザリヤの隣村ブルカに嫁いだ長女アヤを訪ねたときのこと。ブルカには古くから村を支えていた用水路とため池が残されていた。「私が子どものころはここで水浴びをして遊んでいたけれど、いまはすっかり枯れてしまった」とマハがつぶやいた。

水脈や水源地のある場所は、ことごとくイスラエルの入植地、軍事基地として奪われ、そこでは大規模な取水設備で大量に取水を続けている。地下の帯水層の利用可能水量の八割はイスラエルおよび入植地で消費されていると言われる。その一方で地下水脈を同じくするパレスチナ側の井戸や水路はどんどん干上がっている。新しい井戸ひとつ自由に掘ることが許されていない。このために農業が立ちいかなくなり、耕作をあきらめた農家も多い。

かつての用水路のそばに大きなオレンジの木があり、たくさんの実をつけていた。しばらくその木を愛しそうに眺めながら「やっぱり緑のある生活っていいね。緑のないコンクリートの難民キャンプは息がつまる」とマハが言う。彼女にとって故郷の緑は最愛の父親との楽しかった日々を象徴し、鉛色のコンクリートの難民キャンプは結婚以来の苦しい日々を象徴しているのかもしれない。

農場で働く

ジェニンに戻り、また連日ひたすらトマト農場で朝から晩まで働くマハに同行する。一日中実ったトマトを黙々と枝切りばさみを動かして収穫する。

ある一日が終わるころには、三人で五八ケースぶんのトマトを収穫した。すべてテルアビブへ運ばれて売られるそうだ。「いまはトマトが値崩れを起こしていて四キロで一〇シェケル（二五〇円ほど）でしか売れない」と農場主のイマードはいう。したがってマハたち農場労働者の賃金も減らされる。

五八ケースぶんを摘んだ夜、とうとう腕も上がらず、首も回らず、体がだるく、熱があるという状態になりダウンしてしまった。マハも同じくらい疲れているはずなのに、家族の食事をつくり、家の掃除をしてからようやく布団に倒れ込む。夜通し、体中が痛いとうめき声をあげるマハ。結局、私たちは体中の痛みで一睡もできずに朝を迎えた。

翌日もマハが仕事に行くという。「ミカは熱もあるし家で寝ていなさい。病気のミカを放っていくのは気が引けるけどごめんね」と出勤した。ろくに一家の役にも立たない居候の私、謝りたいのはこちらの方だ。一日中ひたすら布団の中で横になっていた。アブーカマールが同じ部屋の対角線上の布団の上から心配そうな目で案じてくれているのがわかる。「大丈夫、ちょっと疲れちゃったみたい。

寝てればよくなるから」とアブーカマールに声をかけると、まばたきでうなずいてくれた。

夜、帰ってきたマハもダウン寸前の様子だった。グッタリ横になっている私に、ムハンマドがレモンを買ってきてそれを絞り、温かいレモネードをつくってくれた。「これを飲んだら明日は絶対によくなるから。夜ふかししないで、これを飲んですぐ寝なさい」と優しくほほ笑む。熱にうなされながらも、アワード家のみんなの温かさに幸せを感じる。

翌朝、ムハンマドの言ったとおりすっかり熱も下がり、体の痛みもだいぶ取れていたので、「手伝わないで見ているだけだから」とマハを説得して一緒にトマト農場に行く。この日は伸びて不要な枝切りの仕事。マハに「ちょっとだけだから」と言って、その作業を手伝う。

難民キャンプのクリニック

日本では正月でもパレスチナではふだんと変わらないふつうの一日。新年二日からマハとトマト農場で働く。しかし熱、胃痛、頭痛、咳で再びダウン。あまりにも高熱が続くので、咳が止まらないマハと一緒に難民キャンプのクリニックに行く。

クリニックはUNRWAによって運営されている。キャンプの難民として登録してあれば、誰でも治療が受けられる。マハは自分の名前を言い、事務所でカルテを出してもらった。マハが「この子はうちで暮らしている日本人。熱があるんだけど診てもらえる?」とたずねてくれ、事務長がアワード家の居候と書き添えられたタカハシミカ名義のカルテをつくってくれた。「診察代や薬代はどうしたらいいんでしょうか?」とたずねると「いつもパレスチナもこの難民キャンプも日本のみんなに助けてもらっている。今日ここで日本人の君を助けられるなんて最高じゃないか!」と、キャンプに登録された難民と同様に無料で診察、投薬してもらえることになった。「これでミカも名実ともに難民キャンプの住人だね」とマハ。

事務長の計らいにより、何十人もの診察待ちの人の順番すべてをすっ飛ばして診てもらえることになった。あまりに申しわけなくて列に並ぶみんなに謝ると「いいよ、そんなこと気にしなくて」とか「遠くから来てくれたのに病気になんかなっちゃってかわいそうに。早くよくなるといいね」とつぎつぎと温かい言葉をかけられた。診察してくれたドクターは突然現われた外国人に驚きつつも、とても親切で、診断は「過労で体が弱っているところにひいた風邪」とのことだった。処方箋にあれこれ書き入れてくれたが、薬局で渡されたのは、解熱剤と鼻水止めだけだった。ほかの薬は在庫がないようだった。

夜になっても頭が割れそうに痛いままの私に、ムハンマドが仕事から帰ってきて、また冷たいレモネードをつくってくれた。「パレスチナ人は頭が痛いときはレモネードを飲むんだ。早くよくなるように」と。翌朝、そのおかげかずいぶんと楽になっていた。

涙を流さずに泣くひと

いったんビリンに戻り、しばらく滞在していたが、帰国する前にもう一度ジェニンで過ごしたいと久しぶりに難民キャンプのアワード家に向かうと、ふだんはほとんど表情のない寝たきりに近いアブーカマールの表情がわずかに動いた。私が不在のあいだ、アブーカマールは何度も声にならない声を絞り出し「ミカはどこへ行った？　どこかでトラブルに遭ったりしていないか？　いつ帰ってくる？」と心配して家族にたずね続けてくれていたそうだ。「ミカはイマードに『のどが渇いていない？』

『なにか欲しいものはない？』といつも気を使ってくれているでしょう、それが彼には嬉しいみたい」とマハ。

ジェニンではあっという間に日々が過ぎていく。家中の掃除をして、農場に働きに出て、家に帰ってコーヒーを飲んで、質素な食事をして、マハと一緒にケーキを作ってという、ただそれだけの繰り返しの日々が、かけがえのない時間に思える。

家に帰ると、仕事を終えたムハンマドがいつものようにひとり電気も消えた部屋にこもりパソコンで動画を観ていた。「ただいま」と声をかけると「ミカ、座って」とムハンマドの横の椅子を指された。ムハンマドが一本の動画をスタートさせた。「ソウトエルアラブ（アラブの声）」と名づけられたそれは、エジプト、レバノン、アルジェリア、湾岸などの著名な歌手が集い、一曲を歌いつないだものだった。その背景にはパレスチナやイラク、九・一一、アフガニスタンといった各地での民衆の犠牲、人びとの証言、涙、怒りの声など現地映像のさまざまな場面がつないであり、戦争の悲惨さや巻き込まれた人びとの哀しみと慟哭を歌い上げる。二〇〇二年ジェニンの軍事侵攻のシーンも登場する。家族を亡くした遺族の涙が胸を突く。歌は美しく哀しく、すべての歌詞を理解できなくてもこのビデオクリップの意図も、それが示していることも深く胸に突き刺さる。目の前で流れる動画ではジェニンの人びとが泣き叫んでいる。二〇〇二年のこのとき、いま自分がいるこの場所で虐殺が引き起こされた。横に座っている当時たった一二歳のムハンマドが、兵士に暴行を受けて殺されかけていたとき、私はテレビの前でニュースを観ながら泣くだけでなにもできなかった。世界はそのときいつものように黙って見過ごした。その罪を問われているような気持ちになった。

ムハンマドは「俺たちはテロリストじゃない」と、たったひとこと、哀しそうな顔で私の顔を正面からみつめてつぶやいた。涙を流さずに泣くひとを初めてみた。

最後の時間

パレスチナで過ごせるのは残り三日間。それでも私はまだこの家族のもとを離れられないでいた。仕事を終えたカマールが帰ってきて「明日、劇のリハーサルがあるから、みんなミカに観に来てほしいと言っているよ」と言われた。カマールとサリームは、演劇をとおして、そのおもしろさ、夢をもつことの意味、仲間の大切さなど多くのことを学んできたと話す。生前のジュリアーノの思い出を語ることも多かった。狭い難民キャンプのなかでは思いきり遊んだり集ったりできる場所もない。兄弟やその幼なじみにとって仲間と集える場所があり、全力で打ち込めることがあり、心の内側を表現できる場があることは、その成長において大きな意味をもち続けてきたに違いない。

マハと仲の良い近所に住むサミーラの家を訪ねた。サミーラはなににつけても豪快なひとで、マハとサミーラの会話を聞いていると、なんてあけすけで率直で大胆なひとたちなのだろうといつも驚かされる。サミーラはマハの息子たちをからかうため、つねに下ネタを連発している。彼女は働かない夫を家から追い出して、女手ひとつで三人の息子を育てる強い女性だ。料理が上手なので、口コミであちこちの家庭から頼まれる料理を作って届け、それで生計を立てている。多くの来客があるときなどに頼んでくるひとも多く、大量のタマネギのみじん切りやモロヘイヤを刻んだりズッキーニの真ん中をくり抜いたりという作業をマハも手伝うことが多かった。その代り、サミーラはことあるごとにマハにできあがった料理のおすそ分けを届けたり、どこかから手に入れてきた古着を届けたり、煙草の葉のさし入れをしたりしてマハの暮らしを助けていた。夫を追い出してひとりで生計を立て子育てするサミーラと、夫が寝たきりになるなかで、同様にひとりで生計を立てて子どもを育ててきたマハは、お互いの気持ちがよくわかるのか、とても気が合うようだった。

カマールとサリームが出演する芝居のリハーサルを観に行く。『盗まれた夢』と題されたその芝居の演出はカマールのいちばんの親友カイス。

カイスとはそれまでも顔を合わせる機会が多かった。夕方になると一家は暖をとるために必ず家の軒先で拾い集めてきた木材を使って焚き火をおこし、それを熾き火にして家のなかに置いて暖をとっていた。同じく暖房器具のないビリン村のアブーラハマ家でも同様の方法で暖をとっていたが、ビリンでは剪定されて乾かされたオリーブの木など多くの木があるため、燃やすものに困ることはなかった。しかし難民キャンプでは焚き火のための木材すら不足していた。捨てられたゴミのなかから木製の壊れた家具などを拾い集め裏庭で解体して燃やすことが多かった。毎夕その焚き火を囲みながら、カマールやその幼なじみと他愛もない話をして過ごすのが日課のようなもので、その輪の中にカイスがいることも多かった。彼は海外での生活経験がないにもかかわらず、流暢な英語を話した。向上心の強い努力家で、つねにみんなの輪の中心にいた。このときは、カイスをはじめ、演劇にうちこむ彼らの存在はこの難民キャンプの希望のように思っていた。数年後、この焚き火を囲む輪の中から何人もの姿が消えた。ある者は殺され、ある者は逮捕され、ある者は「地下」に潜った。

ビリン

変えられてしまったもの

車でラマッラーへ向かう途中「ナーブルス近郊で入植者が殴られ、近辺が封鎖されている」とドライバーが仕事仲間からの電話で知らされた。幹線道路の封鎖に遭う。ふだんは問題もなく通れる幹線道路は、いわば入植者のための道路。なにかあればすぐにパレスチナ人車両には封鎖される。迂回路は車一台がようやくすれ違えるほどの細い裏道。その途中、偶然にも先日デモで死者が出たばかりのナビーサーレハを通る。村のすぐそばに迫りくる巨大な入植地ハラミシュ。それはまわりの典型的なパレスチナの農村風景にまるで溶け込まず、あまりに異質で、どうしてここにこんなものが？　と言いたくなるような異様さを感じさせた。この近くにも水脈がある。

迂回路は遠まわりで、スピードも出せない。ふだんより一時間近くも余計にかかりラマッラーへ到着。乗客のなかにたまたま裏道に詳しい人がいた。さもなければどうなっていたことか。

金曜日、週に一度のビリン村のデモの日。入植地建設反対デモをおこなうナビーサーレハ村でイスラエル軍兵士に撃たれて亡くなったムスタファ・タミーミさんの追悼と抗議が主題となった。村からも何人かがナビーサーレハへ行っているのでビリンのデモの参加者は少ない。イスラエル人や外国人活動家やプレスの多くが、いまではナビーサーレハのデモに向かう。閑散としたデモで「もはやビリンはホットスポットじゃない」と自嘲気味に村人がつぶやく。「フェンスが取り払われて向こう側にコンクリート製の分離壁ができて、もうこれ以上は望めないと参加する人が減ってしまった。これまで七年間の闘いで俺たちは犠牲にしてきたものが多すぎた。仲間の命、仕事、お金、村人同士のきずな。もうみんな内心では疲れきっている。だからデモに来なくなった人になにも言うべきことはないよ。しかたがない」とハイサム。

パレスチナ最初の「人民の非暴力の闘い」のひとつとしてビリン村は有名になり、その闘いはある程度の功績を残してきた。しかし村はかつての静かな農村ではなくなり、入ってくる人やモノやカネの分配や主導権争いにより嫉妬や中傷が渦巻き、人間関係はズタズタになっていった。「ここに分離壁や入植地がつくられなかったら、みんな昔のようにお互いを思いやれる関係でいられたんだろうな。俺たちはみんな本当に仲が良かった。村中がひとつの家族みたいなものだった。でもこの七年間でみんなが変わってしまった。たぶん俺自身も。失ったものが多すぎる」とハイサムは言葉をつなぐ。

七年間のうちのたった三年間分しかこの村の出来事を見ていない私にも、そのたった三年のあいだに変わってしまった人の顔がいくつも浮かぶ。そして私自身も村人たちを「変えてしまった要因」であるだろうことに胸が痛んだ。

村のリーダーたちが少ない日のデモは、それを制止できないため、若者たちのイスラエル軍兵士への投石行動が主となる。壁の前で抗議の声をあげる人よりも、投石をする若者たちの方がはるかに多い。投石は弾圧の口実にされ、催涙弾だけでなく汚水や実弾も撃ち込まれる。多くの村人が怪我を負わされ、投石を理由に逮捕され、ふたりの尊い命が奪われた七年間だった。

分離壁建設予定地に張られていたフェンスが撤去され、その向こう側にコンクリート製の分離壁ができていたが、フェンスと壁のあいだの土地のいくらかはその所有者たちに「返還」され、その土地には自由に行き来ができるようになった。そのことは村の闘いの勝利として刻まれている。

土地が「返還」されたアブーラシードの畑を訪ねた。その畑は正確に言うと完全に接収されていたわけではなかった。分離壁建設予定地のフェンスが取り払われる前も、フェンスの向こう側の自分の畑に彼は粘り強く通い、土地を耕し続けた。五〇歳を越えた年配の男性には検問所を通って自分の土地に行く許可が比較的おりやすい。ただし、いつでも自由に自分の畑に行けるわけではなく、理由も説明されないまま追い返されることも多々ある。自分の土地に行くのに許可がいるという不条理。

「朝から晩までここで畑を耕して暮らすのが私の人生なんだ。いままではここで夜を過ごすことなんて認められなかった。決められた時間までに検問所を通って帰らなければならなかった。でもいまは自由だ。ここで夜空を眺めようが、朝日を眺めようが。この小屋にラジオを持ちこんで一晩中ラジオを聞きながら風の音を聞く自由。本当にかけがえのないものだよ」と、農民らしく日に焼けたしわの多い顔のアブーラシードが微笑む。鍬を握るその手は大きくて節くれだっている。その手は働きものの手だった。

実家に顔を出すと、前の週に顔を出したときには「もう生まれそう」と大きなおなかを抱えていたサブリーンが生まれたばかりの赤ん坊を連れて家に戻っていた。名前はムハンマドに決まった。パパとママが新婚当初の三〇年ほど前に暮らした土間のひと部屋だけの狭い家。ここにムスタファ一家四人が暮らしている。ムスタファはもう四年も前から近所に新居を建てている途中だが、失業してからは新居の工事がストップしたままである。ムハンマドが生まれてムスタファは再起をかける。

カルミーが体調を崩している。本人は外で遊ぼうとするが、熱が出ていて鼻水もひどい。ずいぶんと苦しそうに咳もしている。

カルミーの体験入園

カルミーに初めて会ったのは二〇〇九年冬、彼が退院して家に帰って暮らしはじめた直後だった。ハイサムと妻のハウラに「放射線治療をやめて、カルミーにようやく髪の毛が生えてきたところ。ミカ、カルミーを撮って」と頼まれ、ひとみしりで凍りきった表情で笑わないカルミーに必死で笑顔を振りまいて、その姿を撮影したのが最初の出会いだった。

その後カルミーが私と打ち解けてくれるのはあっという間だった。日中、同年代の子どもたちは幼稚園に行っていて誰もいない。お兄ちゃんも隣に住む従兄たちも学校に行っている。カルミーにとって私は恰好の遊び相手だった。

ある晩、夜中までハイサムの新作映画の編集につき合っていると、ハウラが青い顔をして「カルミーの熱が下がらない。それにぐったりしてきている」とハイサムに告げた。ハイサムは車を出してくれるひとを探し、隣村サッファの診療所に連れていくことにした。

サッファの診療所に着いて、就寝していた医師に起きてもらいカルミーの診察がはじまった。抵抗力や免疫力がほとんどなく、ちょっとした雑菌から深刻な感染症を起こしかねない。しかしエルサレムの高額な病院で入院治療を続ける費用もない。たとえ感染症と隣り合わせの暮らしでも、カルミーの生きる力を信じながら家で様子をみるしかない。

診療所の医師は下痢止めや解熱剤などを出しながら「胸部に問題があるかもしれない。ハダッサ病院で精密検査をした方がいい」とハイサムに告げた。

診察代と薬代を払うとハイサムには手持ちのお金がなくなった。車を出してくれたひとに払う車代がないようだった。手持ちのお金をこっそりさし出すと、「ドライバーはうちの事情をよくわかってくれている。今日払えなくてもまた後日払えばいいだけ。だからミカは出さないでくれ」と返される。噂社会の小さな村で些細な噂が妬みに変わり村人たちに波紋を起こした例をたくさん見てきたいまならわかる。

約一年ぶりにナジャートのローダ（幼稚園）を訪ねた。ナビール、ナジャート夫妻の家の横の敷地に新しい幼稚園を建て、カフルニイマからビリンに園を移転させた。クラスも担当の先生も増えていて、現在は四クラス、年少、年中、年長というクラス分け。前年会った多くの子も覚えてくれていて、歓声につつまれながらみんなと再会した。

カルミーの体調も徐々によくなり、この日はローダの撮影がてら、ふだんは幼稚園に通えないカルミーを一日体験として連れて行った。私がローダに行くというと「ぼくもいく」と言ってきかなかったからだ。カルミーは病気のせいでからだや言語の成長が遅れている。同年代の子どもたちが活発に走り回れる半分の速さでも走れない。自分ひとりで用を足せない。少しずつ彼のペースで成長しているとはいえ、特別なプログラムやメソッドのない、特別なケアのできる先生のいない幼稚園に通うことは難しかった。カルミーは同年代の子どもたちや年下の子どもたちが幼稚園に行くことをうらやましがった。ナジャートにカルミーを連れていってもいいかとたずねると快く受け入れてくれた。

ただ子どもたちは素直で容赦がなかった。自分たちと様子が違うカルミーに向かって「どうして走れないの？　うまくしゃべれないの？」と好奇の目を向ける。カルミーより一歳下の従弟ナジドのクラスに行ってみても、三歳の子どもたちよりも、カルミーにできることは少ない。そんな子どもたちの視線を敏感に感じたカルミーは、私の手をぎゅっと握ったままひとこともしゃべらなくなり、私の後ろに隠れてしまった。あとは、先生がどんなにカルミーに優しく話しかけても、恐怖で凍りついた顔のまま、私の手を握る力がどんどん強くなっていった。「ミタ、かえりたい」と半泣きの顔でカルミーが言う。「せっかく来たんだから、もうちょっといようよ。あんなに楽しみにしていたじゃん。ほら、一緒に走ろう」とみんなとは別に、カルミーの手をとってゆっくり走ると、カルミーも少しずつ慣れてきた。

教室で字の読み書きの練習をしているクラスに参加したり、絵本の読み聞かせをしてもらったり、園庭で遊んだりしているうちにようやく笑顔が戻った。泣きべそのまま帰ってしまうと、幼稚園がいやな思い出になってしまう。それだけは避けたかった。

イスラエル軍の村への侵入

数日後、兵士が分離壁のすぐそばアブーライムーンに侵入してきたと知らされ、急いでカメラをつかんで駆けつける。分離壁のルートが変更されて返還されたこの一帯は、再び土地の手入れをする村人が増えている。そういう人たちへの「パトロール」と称した嫌がらせだと村人たちは話す。

軍のジープが壁の向こう側へと消えていったので、しばらくそのあたりを歩いていると、アハマドとマリヤム夫妻、夫妻の長男ムハンマドと末っ子のヌールに出会った。マリヤムはパパの腹違いの妹。アブーラハマ家とも近いので、一家とは頻繁に行き来がある。アハマドは返還された土地の岩を砕き、砕いて小さくした岩を少しずつ取り除き、そうしてつくった畑を耕していた。「長いあいだこの土地に立ち入れなかったので手入れもできなかった。いまはラマッラーに働きに行っているけれど、いつかは昔ながらの生活に戻りたい。畑を耕して、農作物を収穫して農民として土地に根ざして生きていきたい」とアハマドは話す。井戸を掘る許可はおりないので、水は汲んだものを車で運んで貯めておく。薬缶や水や茶葉を家から持参していたマリヤムが、焚き火でお湯を沸かしてお茶を淹れてくれた。

「兵士がまた侵入してきた」と電話があり、ハイサムと二人で急いでカメラを持って駆けつける。数メートル先、手の届く範囲に完全武装の兵士が立っている。カメラが私の身を守ってくれるわけでもないのに、カメラを握る手に力がこもる。精いっぱい、毅然と振る舞おうとするが、情けなくもカメラを構える手が少し震える。撃たれるかもしれないという恐怖よりも、査問されたり拘束されたりする面倒の方を避けたい気持ちが先立つ。以前深夜に雨のなか銃口を向けられ身動きもできずに塀を背に立たされたまま、しばらくパスポートを取りあげられたことを思い出してしまう。兵士のひとりに英語で「ハウアーユー？」とわざとらしく声をかけられる。しかし次の瞬間、一緒にいた村在住のカメラマンのラニーは「これ以上撮ったら撃つぞ」と兵士に脅される。このことをイスラエルの人権団体ベッツェレムに報告すると、スタッフがすぐにレポート作成のためにやって来て、証言者としてハイサムと私もラニーへのインタビューに立ち会った。

そのスタッフは、帰りがけに私に向かって「兵士たちはもしかすると侵入してきて村人たちへの暴力行為を意図していたかもしれない。しかし君たちの三台のカメラがそれ以上の侵入や暴力行為を阻止したんだ。カメラという『目』があること、とくにそれが外国人のものであること、その存在の意味はとても大きいんだよ、おつかれさま」と声をかけてくれる。強大な権力、武力、脅しに屈せず勇気を出すこと、気持ちを強くもち続けることの意味を、あらためて教えられる。と同時にパレスチナに通い続けることを優先させるあまり、面倒を避けることを考えてしまう意気地なしの自分もいる。それこそが「占領に屈する」ことなのだとわかっていながら。

民衆抵抗委員会の新たな闘い

ハイサムから「明日はジェリコに行こう」と誘われる。詳細を聞いても「とにかく明日になればわかるから」と繰り返す。

ラマッラーの集合場所には、ビリン村のリーダーのアブダッラー、いつもビリンで会う多くのジャーナリストやカメラマン、ほかの町や村の抵抗運動のリーダーなどが集合している。それぞれの車に分乗してジェリコへ向かい、ジェリコのＰＡ（パレスチナ自治政府）オフィスに西岸各地からやって来た「民衆抵抗委員会」の活動家たちが集合して、決起集会とプレスカンファレンスをしたあと、西岸地区内を走る入植者専用道路のパレスチナ人への自由な通行を求めたデモをおこなうという。

ハイサムの友人でＡＰ通信プロデューサーのジャラールとＡＰカメラマンのイマードが取材に向かう車に同乗させてもらう。ほかの車とは途中から進路を別にとるジャラール。しばらくすると入植地の入口の検問所に到着。ＡＰのプレスカードとＩＤカードをさし出したジャラールの車はすんなりと通行を許される。ジャラールとイマードのプレスカード二枚で、後部座席に座る私とハイサムは誰何されることもなく通行を許可され、入植地に入って行った。入植地を通ればショートカットできるという。大手プレスのカードを持ったジャラールだからこそ許されることで、ほかの車は入植地を迂回しながらジェリコへ向かった。ジャラールが運転する車は現地へのいちばん乗りだった。

ジェリコの集合場所には各地から多くの人が集まってきた。ビリン、ニリン、ナビーサーレハ、ベイトジャラ、ベイトウンマールなどそれぞれの町や村で占領に反対する「民衆の非暴力抵抗運動」が広がり、連携をとっていた。お互いの町や村でのデモに参加して、共同の勉強会や集会をもつなどの動きも広がっていた。これらの運動が、のちに二〇一三年、入植地建設のために土地の接収が進められている東エルサレム郊外のE1地区で西岸全土から抗議のために集まり、抵抗小屋を建て「バーブアッシャムス（太陽の門）」と名づけ、「新しい村」の建設の礎として宣言した行動へとつながる。この手法は、それこそ奪った土地と奪われた土地の違いはあるが、イスラエルの法の下ですら違法な入植地「アウトポスト」を建設する手法をそっくりそのまま取り入れたものである。

ジェリコ郊外の入植者専用道路入口の検問所に到着したひとから「パレスチナの土地の上にある道路をパレスチナ人が自由に通行できないなんておかしい」とその通行を求める。しかし、あらかじめ待ち構えていたボーダーポリス（武装国境警備隊）が立ちはだかり、それ以上の前進を阻止する。活動家のひとりが完全武装で道をふさぐ隊員たちに向かって「君たちがやっていることは、無辜の市民に銃を向け、殺す、それは君たちの祖先がホロコーストに遭わされたことと同じじゃないのか？　その意味をみずからに問いかけたことがあるか？　考えたことがあるか？　自分たちがやっていることを本当に誇れるか？　ここはイスラエルじゃない、パレスチナだ。入植地も検問所も占領もない平和な場所にしてほしい」と訴える。ボーダーポリスの隊員たちは、みんながサングラスでその瞳を隠したまま、なにも答えることなく人びとを押し戻し、道をふさぐ。

何時間もの押し問答の末、「隊員のからだを押した」として若い女性が逮捕され、声をあげて自分たちの正当な権利を主張していただけの二人の男性も逮捕された。

現地では太陽を遮るものもなく、一日がかりの撮影で熱中症のようになり、へとへとになってハイサムの家に帰宅すると、ムハンマドの誕生日パーティの準備が進められていた。ラマッラーでケーキが購入され、ポップコーンが用意され、ピザがオーブンで焼かれていた。ムハンマドと仲の良い学校の友だちや近所に住む従兄弟などが集まり、なごやかにパーティが開かれた。何年も一家は一緒に過ごす時間すらもつことができなかった。ムハンマドにとっても、両親にとっても、家族そろって誕生日を祝うということがどれほど特別な意味をもち、その時間がどれほどかけがえのないものか、一家四人の笑顔を見守りながらしみじみと感じた。

ナーブルス再訪

残りの滞在日数が一〇日ほどになって、ようやくナーブルスへ向かう。道すがら、今回は結局一度も会っていないアッバースに一年ぶりに会おうと電話をするが、彼はその前年まで勤めていた市場の仕事を辞めており、この日はラマッラーの養鶏場に臨時雇いの仕事に行っていて「今日中にナーブルスまで戻れない」という。

ナーブルスに着いてすぐアブーアララアのコーヒー屋台に顔を出したが、この日はアブーアララアも不在。その代り、息子のアラアとオサマが店番をしていた。しばらく会っていないあいだに高校生と中学生になったふたり。「大きくなったね！」と声をかけると、ふたりとも同じようにはにかみながらコーヒーを淹れてくれた。「お父さんによろしくね」とお金を払おうとすると「あなたからお代をいただくと父にきっと叱られるので」と受け取ってもらえない。しかたがないので、市場で果物を買ってふたりに渡して、店番をするふたりの写真を、彼らに初めて出会った二〇〇九年と同じ構図で撮らせてもらった。

前年仲良くなった自動車修理工場のマンスールと再会した。彼の工場に招かれ、しばらくふたりでお茶を飲んで過ごす。アッバースの従弟でAPA imagesのカメラマン、APカメラマンの叔父ナーセルの事務所で留守番をしているワジュディに電話をすると「オフィスにおいでよ」というが、私にはオフィスの場所の記憶があやふや。それを察したマンスールが電話でワジュディと話してくれ、マンスールの工場で働く少年に場所を伝え、少年がオフィスまで連れて行ってくれるという。マンスールにお礼を言って工場をあとにする。

この日ワジュディはオフィスに待機。「最近とくにケドゥミム入植地近郊で問題が毎日起きている。今日はめずらしく静かな日で、たまたま留守番していたんだ」と話す。

ケドゥミム入植地は、ナーブルスの東一〇キロほどの場所に造られた。パレスチナ自治政府に行政権、警察権のあるA地区のナーブルスの町の中心部をぐるりと入植者用道路が囲む。このケドゥミム入植地のそばには入植者用道路にして平時は西岸地区の南北を縦断する幹線道路六〇号線がある。この六〇号線はラマッラーとジェニン、トゥルカレムなどを結ぶ幹線道路で、このケドゥミム入植地周辺で抗議行動などが起こると、とたんにこのあたりの検問が厳しくなり、パレスチナ人が所有する車両には通行止めの措置も取られ、南北の移動を妨げられ、検問によって大渋滞が起き、混乱をきたす。

ケドゥミム入植地をその土地の上に造られることになった村カフルカッドゥムでも、村人たちが抵抗のための委員会を立ち上げて、週に一度の金曜日、抗議デモをおこなっている。ケドゥミム入植地はグリーンラインより一五キロ以上もパレスチナ側の土地に侵食して造られており、その南部にあるイマニュエル入植地や南西部にあるマアレショメロン入植地などとともに直線距離で一五キロほどにわたってひとつの入植地群を形成しつつある。そしてその入植地群を囲み、これらの土地をイスラエル側に組み込むかのように分離壁が建設中である。ナーブルスの町は、東西南をこのような入植地群に囲まれつつある。

重ねた嘘のはじまり

深夜、イスラエル軍兵士がまたビリン村に侵入してきて、アディーブの息子のムハンマドを「投石した疑い」で拘束しようとした。私はひどい高熱を出しており、高熱でフラフラのまま現場に向かうことで判断力が鈍り、同行するハイサムたちに迷惑をかけてしまう可能性、またそのちょっとした判断力の衰えによって、彼らの命をも含む、取り返しのつかないミスを犯しかねないことを恐れ、布団の中でハイサムの帰りを待ち続けた。深夜の静かな村に発砲音や爆発音が炸裂する。爆発音は音響爆弾。その破片などを至近距離で受けなければ直接命に危険をおよぼすものではないが、深夜にこのような音を炸裂させることによって、近隣の住民、とくに子どもたちの心を不安に陥れる。その炸裂音を聞きながら、布団の中で横になっていることしかできないことが悔しくてたまらなくなる。村人たちの日常を躊躇なく壊す占領に対してなにもなしえない自分を高熱にうなされながら呪う。

ほとんど眠れないまま朝を迎えると、カルミーが泣いている。体調が悪く熱も続いていたカルミーは「病院へ行きたくない」と泣く。エルサレムの病院に定期的な検査と治療のために通わなくては、カルミーの命は絶たれてしまう。検問所を越えることができるのは、イスラエル政府による「人道的配慮」のもとに通行を許されたカルミー本人とつき添いの母親ハウラだけ。辛い治療が待っている病院を小さな子どもが好きなわけがない。ましてや、検問所でいやになるほど待たされ、怖い兵士に怒鳴られ、そんな思いをしなければ病院に辿り着くこともできない。父親のハイサムには通行許可がおりないため、いつもハウラがひとりでカルミーを連れて行かなくてはならない。病気の小さな子どもを抱えて検問所を越えてエルサレムの病院に行くことは並大抵のことではない。白血病のような特別な医療機器や薬が必要な場合、イスラエル側でしか治療を受けることができないことが、本人や家族の負担を増大させている。

「ミタとおうちで遊びたい」と出発を泣いて嫌がるカルミーに「帰ってきたら一緒に遊ぼう。エルサレムでおいしいものを買ってもらえるよ。行っておいで」と送り出した。そろそろジェニンへ向かわなきゃと内心では考えていながら。私はこのときカルミーにひとつめの嘘をついた。

ジェニン滞在中、ハイサムから、なかなかビリンに戻らない私を心配して電話がかかってきた。そこで「カルミーの体調があまりよくなく、定期検査を終えてそのまま再入院することになった」と聞かされた。カルミーが「ミタはどこにいるの？　ミタと電話で話したい。ママの携帯に電話してと伝えて」と電話で言っていたと聞かされた。そう聞かされたにもかかわらず、電話のクレジットを買いに行くのが面倒くさくて（パレスチナの携帯電話は電話機とＳＩＭカードを別々に買って、選んだ通信会社のクレジットを一〇シェケル分、二〇シェケル分などと購入してチャージする方式。残額がなくなると受信はできるが発信ができず、そのとき私はそのような状態にあった）、私はカルミーにふたつめの嘘をついた。「ハイサム、ビリンに戻ったら電話するからって次の電話でカルミーに伝えておいて」と。その約束を守れなかった。

ジェニンのアワード家のみんなとの別れをすませ、ビリンに戻り、久しぶりにパパとママが待つ家に帰る。しんみりしてばかりのお別れもいやなので、最後の夜はいつも通り笑ってお茶を飲みながら語り合って過ごした。

家族はあまり多くの時間をこの家で過ごすことのなくなった私を責めるでもなく、でも最後の夜だけは当然この家で過ごすものとして、当たり前のように受け入れてくれている。私にとってのパレスチナでのひとつめの「帰るべき場所」。年月を積み重ねることで、積み重なっていく「当たり前」がこの家で増えていくことが心地よい。

翌朝、パパとママがふたりとも早起きをしてお茶を淹れてくれる。三人でいつものようにベランダでお茶を飲む。ママにそっとお礼を渡す。長男と三男の結婚のために家畜を売り払って「することがなくなった」と玄関先に出したソファに横になり煙草を吸うばかりの所在なさげなパパが、家畜を何頭かでも買い戻し、以前のように放牧に行ける日がくるといいなと願いつつ。

「そろそろ行くね」とパパとママに声をかける。ママのほとんど視力を失った瞳から涙がこぼれる。私はつとめて明るく言う。「またすぐに帰ってくるから」と。この別れを繰り返すのは四度目。パパが「バス停まで送る」と私の重いバックパックを背負ってくれる。ママを抱きしめて、階段を下りた。

ハイサムの家にほかの荷物を取りに行かなければならないので、パパと一緒にハイサムの家に向かって歩く。途中で出会う村人たちは「ミカもう出発かい？」「アブーハミース、かわいいムスメがいなくなるのは寂しいでしょう」と声をかけてくる。パパは挨拶だけしてそれにはなにも答えずに歩みを進める。ハイサムの家に到着してドアをノックすると、ハイサムは玄関先にパパも一緒に立っていることに驚く。「どうぞ、さあ、中に入ってコーヒーでも」と、固辞するパパをなかば無理やり招き入れる。パパはハイサムの家を訪ねるのは初めてだそうで、少し戸惑いの表情を浮かべながら勧められるがままソファに座る。カルミーとハウラがエルサレムの病院に行っていていないことを話し、母親の家で淹れてもらったコーヒーを三人で飲む。

　コーヒーを飲み干して「パパ、ハイサム、ありがとう。もう行くね」とカバンを手に取ると、ハイサムが「じゃあ、セルビスが来るまで一緒に待つよ。荷物かせよ」とバックパックを背負ってくれようとする。それをみたパパが「私が行こう。車が来るまで私が」という。ハイサムは年長者のパパに敬意を表して「そうですね。最後の見送りは父親の役目ですね」とパパに私の荷物を渡す。「ミカ、またな。帰ってくるのを待っているから」と強く抱きしめられた。

　まもなくしてやってきたセルビスをパパがつかまえてくれ、「パパありがとう。さようなら」とその手を握ると、「気をつけてな。早く帰ってこいよ」と優しい笑顔で手を握り返してくれる。その手の温もりはパパの心のあたたかさそのものだ。車の窓を思い切り開けて、その姿が見えなくなるまでパパに手を振った。ビリンの空気を最後に思い切り吸い込んだ。

ゴーストタウンのようなシュハダー通り
（ヘブロン、2011 年）

二〇一三年

二〇一三年の秋、約一年半ぶりにパレスチナを訪れた。

ビリンのアブーラハマ家では、二〇一二年、私の出発と一週間違いの入れ違いでハムディが故郷に戻ってきていた。誰もがたんなる里帰りだろうと思っていたが、ハムディは「ドイツには戻らない」と家族に告げ、驚かせた。

私たちは二年半ぶりに再会を果たした。

死

二〇一二年一月にエルサレムの病院へ定期検査に行ったまま入院を余儀なくされたカルミーは、結局その後、一度もビリンの家族のもとへと帰ることなく、二〇一二年一一月、病院で五歳の短い生涯を終えた。亡くなる数日前、カルミーにつき添う母親のハウラに国際電話をかけると、「もうカルミーはだめかもしれない。お願いだから早く来て。カルミーがずっとミカを待っている」と泣き、カルミーの声を聞かせてほしいと頼むと、受話器の向こうでカルミーは声にならない声で「アー、ウー」と繰り返した。私は泣いていることを必死に隠しながら「カルミー、もうちょっと待っててね。すぐに会いに行くからね」と、できもしない約束を繰り返した。それがカルミーと交わした最後の言葉となった。さまざまな事情が重なり、私はどうしてもパレスチナへ行くことができなかった。

それより少し前、まだカルミーの意識がはっきりしていたころ「ミタはいつ会いに来てくれるの?」と毎日繰り返しているとハイサムから聞かされていた。ハイサムとムハンマドには相変わらずカルミーを見舞うための検問所の通行許可証が出ていなかった。イスラエル人の活動家たちが必死になって通行許可を得る手助けやハウラのサポートに駆けずりまわり、カルミーが危篤状態となってようやくふたりは病院訪問が許され、ほんのわずかな時間、カルミーと最後の対面が許された。ハイサムに発行されたのは、「カランディヤの検問所を通過し、バスターミナル、エルサレムの病院以外の場所に立ち寄ることを禁ずる」通行、滞在許可証だった。ムハンマドはハイサムとは一緒に行くことができず、一一歳の少年がひとりでカランディヤ検問所を越えてエルサレムまで行くことは困難なうえ、カランディヤまわりは時間がかかるため、イスラエル人の支援者が車で彼をビリンに迎えに行き、イスラエル人や一部の通行許可証保持者のみが通行を許される入植地を通り抜けるルートから直接エルサレムへ向かった。そして数カ月ぶりに兄弟はわずかな時間、最後の対面を許された。

私がパレスチナに辿り着いたちょうどそのころ、ジェニン難民キャンプでは、もうひとつの「家族」アワード家の父親イマードが四六歳の生涯を閉じた。最後はなにも食べられず、「手遅れだ」と治療を施し受け入れてくれる病院もなく、高額な治療費を要する私立病院へ入院させる余裕もなく、文字どおり骨と皮だけになったイマードをなすすべもなく居間の一室で看取ることしかできなかったと家族から聞いた。

妻のマハは「喪に服す」ために、家族以外の男性とは一切顔を合わせず、外出することも周囲によって禁じられた。それらはすべて「エイブ（恥）」とされた。働きに出ることも許されず、ただでさえ逼迫していた家計は困窮を極めた。

同年八月には、一家の次男ムハンマドの親友マジドが深夜に侵入してきたイスラエル軍兵士に射殺されていた。

その夜、「戦闘音」が聞こえるなか、なかなか帰ってこない息子たちを心配してマハはやきもきしていたそうだ。「表の通りからムハンマドが悲痛な声で『ヤー、アフーイ（ああ、兄弟）！』と繰り返し叫んでいるのが聞こえてきた。てっきり私はカマールかサリームが撃たれたのだと思った。でも殺されたのはマジドだった」とマハはその夜のことを話した。ふだん家族にもあまり心を開くことのないムハンマドが、幼いころからいちばん頼りにして、いちばん長いときを一緒に過ごしてきたのがマジドだった。ふたりはいつも一緒で、職場も同じだった。毎朝マジドが「ムハンマド起きろー、行くぞ」と迎えに来ていた。玄関の扉を開けると、そこがすぐに一家全員が雑魚寝をしている部屋なので、居候の私も毎日のようにマジドと顔を合わせた。布団から顔を出して「おはよう」と声をかけると、「ミカ、今日も髪の毛大爆発」と彼は毎朝私の寝癖を笑っていた。明るい笑顔の青年だった。

マジドが殺されて、ムハンマドの顔から笑顔が消えた。そのうえまた、父親を喪った。

ある家族の喪失と再出発

ハイサム、ハウラ夫妻と一年半ぶりの再会を果たし、ほんの一瞬はじけた友の笑顔は、すぐに泣き顔に変わった。「この一〇カ月、一日も早くカルミーのもとへ連れて行ってくださいと毎日神様にお願いしている。もう私は生きていく気力もない」とハウラは泣いた。

長男ムハンマドは、六歳のときに誕生した弟が生後八カ月で白血病だとわかり、彼が二歳半で退院して家に戻ってくるまでのあいだ、母親不在のなかで育てられた。そしていま、母親が毎日、自分の目の前で「カルミーのもとにいきたい」と泣いている。表面的には我かんせずという顔をして聞き流すムハンマドの心中を察すると、その言葉が鋭いナイフのように思える。

「ムハンマドはずっと私なしで育ってきた。あの子は私の言うことすべてに反抗する。私がいてもいなくてもあの子には影響はない。私がカルミーのもとにいって、ハイサムが再婚をして、新しいお母さんにかわいがってもらえばいい」と泣く。私には、ムハンマドの反抗や悪戯は、自分の方を見てほしいという必死のアピールにしか思えない。彼女はそんなムハンマドに厳しくあたる。

それでも一家を取りまく日常は容赦なく過ぎていく。私が到着した日、ハウラの弟タウフィークの結婚披露宴が開かれていた。

村ではヨウムルヘンナ、ヨウムルガダア、ヨウムルオルスと三日かけての披露宴が一般的。一日目は新郎新婦にヘンナ（伝統的な文様を着色料で手に描く儀式）を施し、二日目は親族と親しい友人とで昼食を囲み、三日目がいわゆる披露宴にあたる。男女の会場は分けられ、新郎新婦の近い親族以外の男性が女性用の会場に立ち入ることは許されない。

ハウラは胸元が大きく開いたドレスを着て、濃い化粧を施し、花婿の姉として壇上で踊っていた。新郎新婦は恋愛結婚。カルミーの喪が明けるまで一度結婚を延期しており、一家にとっては待ちに待った慶事だった。内心がどうであれ、彼女は新郎の姉として笑顔で会場を盛り上げる義務がある。とても心からの笑顔とは思えない、張りついた仮面のような笑顔が痛々しかった。

ハイサムは二、三日目の披露宴に参加しないと彼女に告げた。一日目、ハウラの弟の友人が会場で隠し持った酒を飲んで暴れ、ハイサムが彼らを殴るという「事件」が起きた。新郎の従兄であり、同時に義理の兄でもあるハイサムの欠席は村中の噂となり、そのことに彼女は深く傷ついた。

ハイサムとハウラは従兄妹同士で結婚した。両家の実家は以前から折り合いが悪く、ふたりの結婚に両家はそろって反対した。反対を押し切り、両家が折り合うようなかたちで結婚したが、それぞれの婿、嫁に対する態度は好転することのないまま十数年が過ぎた。

カルミーの治療のために、ハウラの実家に借金をしたことも溝を深めた。「カメラマンなどというカネにもならないことに没頭している」と舅は腹を立て、ハイサムの顔を見るたびに「いつになったら借金を返すんだ」と迫るようになった。

ハウラはハイサムに泣いて頼んだ。「これ以上両家の溝を深めないで。怒りはごもっともだけど、あと二日間だけ我慢して出席して」と。しかしハイサムはかたくなに拒んだ。

彼女は日ごろ、どんな些細なことでも夫にたずねてから用意をはじめる。それは夫のためにつねにベストを尽くしたいという妻なりの思いやりなのだが、このことが彼を苛立たせもする。そして彼は八つ当たりにしか思えない些細なことで彼女を怒鳴る。ふたりともストレスから崩壊寸前のようだった。

「ハウラはカルミーの死後、ただ毎日泣いてばかりだ。俺だって悲しくないわけがない。深夜にたったひとりカルミーの墓に立ち寄って、たまらず大泣きしてしまうときだってある。でも俺がそんな姿を毎日さらしていたら家族はどうなる？　ムハンマドはどうなる？　俺はこの壊れてしまいそうな家族を守らなくちゃいけない。だから泣き暮らすわけにはいかない。そのことを彼女は理解しない。表面的に泣いていない俺を見て『あなたは冷たい』と責める」とハイサムは話した。

彼女は時間があれば刺繍をしていた。泣きながら手を動かしていることもあった。近所の女性たちでグループをつくって布に刺繍を施し、クラフトをつくって村で催される行事などで売っている。しかし、何色もの布や糸などの材料を用意し、決まった販売ルートをもつ「元締め」でもないかぎり、「針子」に入る報酬はわずかであり、さりとて外で女性たちが働ける場所も少なく、夫がそのことを好まない彼女の場合、この境遇を我慢してわずかな手間賃で「針子」を続けるしかない。「私だってこのまま泣いているわけにはいかないことはわかっている。入院費や治療費で負った借金がふくらんでいて、それを返すために、私自身は家政婦でもなんでもいいから働きに出たいと思っている。でもハイサムがそれを許してくれない。だから家で刺繍をしてわずかな収入を得るしかない」という。

パレスチナでは「外で働いて家族を養うのは男性、家を守るのは女性」という考え方が根強い。しかし占領下での高い失業率という現実が同時に横たわる。それでも妻が外に働きに出ることをよしとしない男性は少なくない。

ハウラには、美恵子さんと相談して、刺繍のための布と糸などの材料費を渡して、彼女自身が統括して、クラフトをつくってみるようにと勧めた。できた作品は美恵子さんと私が買い上げて売るからと。それを伝えたとき、彼女は久しぶりにとびきりの笑顔を浮かべた。

エルサレムの片隅で生きる

彼女の「家」

いつ訪れてもエルサレムはヒリヒリした街だなと感じる。悠久の歴史を有する街、その観光客や巡礼者を魅了してやまない街の裏側には、差別と分断の現実が横たわる。

一九六七年の第三次中東戦争でイスラエルが勝利を収めて以来「エルサレムは国際管理下に置かれる」との決まりごとは有名無実になってしまった。一九四八年の戦争でイスラエルが実質的に主権を握り「(元のアラブの集落などを壊して)つくりあげた」西エルサレムだけでなく、この三六年のあいだに、多くのアラブ系住民(パレスチナ人)が暮らす東エルサレムも含めた全エルサレムを「イスラエルの不可分の首都」として主張し、エルサレムのユダヤ化がすすめられている。

現在も、多くのアラブ系住民が暮らす集落で、強制立ち退き、家屋破壊を伴う入植地建設が進められている。エルサレム郊外のアラブ系住民の集落は分離壁によって隣接した集落と分断され、また壁の「向こう（西岸）側」に「追いやられた」地区の住民は、この影響でエルサレムの居住権をもっているのにエルサレムに検問なしでアクセスすることを阻まれている。西岸地区のパレスチナ人は許可なくエルサレムを訪れることが不可能となった。

エルサレムで暮らすアラブ系住民のステイタスの問題は、年々厳しさを増しており、エルサレムで生活している実態がないとその居住権をはく奪される恐れもある。自分の所有する土地や家屋であっても、当局の許可なく増改築もできない彼らの家屋は「不法建築」として、ちょっとした増改築も許されずたびたび取り壊されており、家を失い、壁の「向こう側」の親戚の家に身を寄せることを長く続けていれば、ＩＤを失ってしまうという状況に追い込まれかねない。

このエルサレム居住権を利用して、一家の暮らしを支えているおばさんに出会った。

彼女はエルサレム旧市街の道端で朝早くから夕暮れまで一日中座って野菜を売っている。扱うものはネギやホウレン草やコリアンダーなどの葉物野菜。冷たい石畳に座っての仕事は足元から冷えてくる。そのせいか、彼女は血行が悪く、いつ会っても「体が痛い、とくにひざが痛む。痛み止めをくれないだろうか？」と訴える。

ある日、血行をよくするためのマッサージをおばさんに施そうと、彼女が暮らしている「家」へ友人と向かうことにした。エルサレム旧市街、ムスリム地区の迷路のような小道を入っていったところに彼女が暮らす「家」があった。

門を開くと、その敷地の中にもまた通路があり、小さな居間と窓もない狭い部屋がふたつだけの家に辿り着いた。この敷地内にいくつかこういう小さな家が並んでいるようだった。突然現われた外国人に家主の女性は怪訝な表情を隠さなかった。「ここで暮らすメインストリートで野菜を売っているヘブロン出身のおばさんを探しているんです」と友人が言うと、「ああ、インムアリー（仮名）のことね」と、家主はおばさんの元へ案内してくれた。

案内された場所は、この敷地内の小さな家と家のあいだにある小さな中庭のような場所だった。屋根もない寒空の下、ひとつだけ置かれたパイプベッドに、仕事のときに着ていた服のまま毛布にくるまって横たわるインムアリーの姿があった。ベッドのかたわらには、ほとんど私物らしい私物すらないことも驚きだった。まさに身ひとつで、この中庭のベッドを根城として日々稼いでいるのだった。

インムアリーは眠そうな目を開き「せっかく来てくれたけど、今日はもう疲れてしまったから眠りたい」と言った。時計をみると夜の八時前だった。彼女は明け方から起きだして仕事をしている。

彼女には、実は夫と子どもが一〇人いて、彼らはエルサレムから三〇キロほど離れたヘブロン（アルハリール）で暮らしている。当然彼女の本当の家はそこにあるが、二〇〇〇年の第二次インティファーダ以降、西岸地区とエルサレムが検問所や分離壁によって分断されて以来、エルサレム出身で居住権をもつインムアリーは他人の家の中庭に身を置きながらエルサレムの道端で野菜を売り、週末だけヘブロンの家に帰っている。グリーンのＩＤ（パレスチナ自治区在住のパレスチナ人を意味する）である夫と子どもたちはエルサレムを訪ねる許可も下りず、ヘブロンで農業を営みながら彼女の帰りを待つ。失業率が高いパレスチナでは、仕事のために家族が離れて暮らすケースは少なくない。労働許可証を得て、イスラエル領内に「出稼ぎ」に行く多くの労働者も、週末だけ家に帰省することがよくある。この家はそんな労働者の「宿」になっている。

友人とともに言葉も少なめにインムアリーの元から立ち去った。本当は、彼女の「家」を訪ねてゆっくり話を聞きたかった。仕事中はひっきりなしに客が来るので腰を据えて話を聞くことができないうえに、誰が耳をそばだてているかもわからない路上では、インムアリーも多くを語りたがらないだろうと思った。だからこそ、「家」を訪ねて、周囲と遮断されたプライベートな空間で彼女の身の上話を聞かせてもらいたいと思っていた。しかし、彼女には、その「家」の中ですら、周囲と遮断されたプライバシーを確保できる場所はなかった。パイプベッドの上の毛布の中だけが唯一それらしい空間だった。

訪問を約束していたにもかかわらず、土壇場で断られたのは、疲れや眠気もあっただろうが、ことあるごとにインムアリーを気遣い、その体調を心配して彼女に声をかけ続けてきた友人はともかくとして、私が彼女に警戒されているせいなのかもしれないと感じた。

これまでも、エルサレムでは、警戒心からか容易に口を開いてもらえないことが何度かあった。こういう場合、私の下手くそなアラビア語は警戒を解くのになんの役にも立たないばかりか、なおさら相手を警戒させているのではないかとすら感じた。シルワンのエルサレム市当局による家屋破壊現場の周囲でもそうだった。そこでは「あんたたち外国人のための見世物じゃねえんだよ。帰れよ」とあからさまに迷惑だと言われたこともあった。身のうえの危険も承知でその事実を伝えながら抵抗する覚悟を決めた人たちはともかくとして、「次はうちの番かもしれない」と怯えて暮らす人びとにとって、見知らぬ外国人とかかわることで身のうえに降りかかるかもしれない厄介ごとは避けたいに決まっている。エルサレムでは、おそらく「危険」との距離が近すぎるのだろう。なにが身のうえに災いをもたらすのかわからない、警戒を解けないという緊張感があるように思える。一見すると、パレスチナ自治区での暮らしぶりよりも「便利」で「豊か」に見えるエルサレムの暮らしは、パレスチナ自治区内よりもよりいっそう深刻な、内側に秘められた抑圧を感じる。

怪訝な表情で私たちの様子を眺めていた家主も、狭い部屋に十数人で暮らしていた。聞けば、やはり増改築が許されず、エルサレムの居住権を失わないためには、折り重なるようにしてでも、この狭い家で暮らし続けるしかないそうだ。また、「不法に」滞在する労働者の「手入れ」のため、夜中に頻繁に警察やボーダーポリスが踏みこんでくる。そのストレスが、家主の表情の厳しさに表われている。

今回、エルサレムに到着した初日、ユダヤ側ではスコットの祭りの最終日で、西エルサレムから東エルサレムに向かって行進があると聞いた。こんな日は、衝突が起こりやすい。案の定、東エルサレム旧市街のダマスカス門近くに行くと、警察やボーダーポリスのジープや車両がたくさん停まっており、ダマスカス門前には多くのアラブ系住民が集まりパレスチナの旗を振っている。

ダマスカス門へ近づこうとすると、警察官に「門には近づかないように」と言われる。直感的になにかがはじまると感じる。そこで、その警察官の前を通らず、いったん通りの反対側に渡ってから再びダマスカス門前へ行ってみる。その周辺には、警察やボーダーポリスの部隊とともに、騎馬隊や汚水放水車までもが配備され、出動の機会をうかがっている。

しばらく様子を眺めていたが、先を急いでいたためもあり、その場を離れてバス停からバスに乗る。そしてバスがダマスカス門の前にさしかかったその瞬間、武装したボーダーポリスが音響爆弾を炸裂させ、ガス弾やゴム弾を集まった人びとに発射し、群衆のなかへと突入していった。人びとは必死の形相で逃げまどい、バスの中にいる人たちは不安気な表情や怒りにみちた顔で窓越しの光景を凝視する。あたりは騒然とし、棍棒を持った騎馬隊の警察官が群衆に襲いかかる。しばらくして、青く色づけされた汚水が、逃げまどう人びとに放水される。ここで警察やボーダーポリスから逃れられたとしても、この青い水がかかっていることが証拠となって、逮捕されることもあるのだという。非暴力のデモであっても、参加者は頻繁に逮捕される。バスの窓越しに、ゴム弾を撃ち込まれて怪我をしたひとが運ばれていくのが見える。救急車のけたたましいサイレンの音が鳴り響く。

ガラスの窓一枚で隔てられたバスはなにごともなかったかのように、旧市街の周辺を走り去り、オリーブ山へと登っていく。収穫を待つばかりのオリーブの実が木々に実っている。茜色に染まったエルサレムの街が眼下に広がる。そして、この山の上にある救急病院には、ひっきりなしにデモでの怪我人が救急車で運ばれてくる。これが、東エルサレムの「日常」だ。

ラーエドとの再会

二〇一一年一月なかば、約一年ぶりにカイロに降り立った。あとから思えば、「一月二五日革命」の舞台となったタハリール広場からほど近い官公庁街では、賃上げや待遇改善を求めたデモがやけに続いていた。しかし事態の深刻さに気づいていなかった私は、タハリール広場の目の前にある友人のオフィスに使わないカメラや望遠レンズなどの機材とスーツケースを預けて「また五〇日後」と能天気に手を振ってパレスチナへと旅立った。

それからしばらくして「エジプトが大変なことになりそうだ」と聞かされはじめた。アルジャジーラから流れてくるライブ映像は、タハリール広場に集まり、ムバラク大統領やその政権を批判し、「民主化」を求める膨大な数の人びとの姿だった。その数は日を追うごとに増えていき、広場周辺を埋め尽くしたひとたちが声をあげはじめた。内務省所属の治安部隊はそんな民衆に弾圧を加え、ムバラク寄りの人びとと「民主化」を求める人びととのあいだに衝突が起きはじめた。一部の暴徒がタハリール広場周辺の店やオフィスを襲い、物品を強奪するという事件も報じられはじめた。

私はパレスチナ滞在を続けながら、気が気ではなくなっていった。カイロの空港は閉鎖され、帰国のために乗るはずだったフライトは無期限に延期された。しかも「振替のフライトの手続きは、エジプト国内のオフィスで」とのことだった。しかしエジプトへ戻ろうかと考えはじめたとたん「ジャーナリストは入国時にカメラを一時的に没収されている、入国自体を制限されている」との話も聞こえはじめた。

やがて、グズグズと進む道を決めかねているあいだに、ムバラクを見限った軍部が、民主化を求める民衆の側には銃口を向けないことを表明したため、三〇年以上にわたるムバラク政権は終わりを迎えた。それとともに、緊迫した「革命」の舞台はお祭りの舞台と化した。

振替のフライトがどうなるかわからないにしても、もともとの搭乗予定日より前にエジプト航空のオフィスを訪ねた方がいいだろうと、重い腰を上げてエジプトへ戻ることに決めた。チケットが無効になり、新たに買いなおさなければならないという事態だけは避けたかった。

国境を越えてエジプト側のタバの国境に辿り着いた。国境の警察官にすべての荷物を開けられ、カメラやハードディスクといった機材を厳しい顔で念入りに調べられはじめた。そして、その機材をオフィスのトップのところへ持って行くという。雲行きが怪しいので、すべてを英語からアラビア語にかえて説明した。「私は日本人のカメラマンで、機材を持っているのはパレスチナへ撮影に行ってきたから。昔、カイロに留学していたからいつもパレスチナの前後にはカイロの友だちに会ってから行ったり帰ったりしている。なぜいまこの時期にカイロへ？　と言われても、私が持っているチケットのフライトはもう明後日で、飛行機に乗って帰国するためにはカイロへ向かわざるを得ない。ハードディスクの中身をチェックされるのはいっこうに構わないが、誤ってデータを消されたりしないようチェックは私の目の前でしてほしい」と一気に言うと、担当の係官は「そうか、カイロへ留学していたのか。エジプトにお帰り！」と笑顔になる。そして「事情はわかった。心配するなって。一応トップの判断を仰ぐことになるけど、問題なく入国を許可できると思うから」と、カメラもハードディスクも持たずに、私のパスポートだけを持って上官の部屋へと入っていった。

しばらくして「行っていいそうだ。あそこで入国カードを書いて、あっちでスタンプ押してもらって」と、あっけなく入国が認められる。

カイロ行きのバスの出発時間まで三時間。こんな状況では、この国境を越えて混乱気味のエジプトにやってくるひとも多くない。さっそくセルビスの運転手たちが久々の客を捕まえようと寄ってきた。「この革命騒ぎでバスなんて走っちゃいねえぞ」とウソをつく。「調べてあるよ。バスは走ってるよ」と返すと、「バスがカイロに着くのは夜中だぞ。カイロは夜中外出禁止令だ。いまからこの車で出れば夜の八時にはカイロに着けるぞ」と。カイロの状況も、タハリール広場周辺の最新の状況もわからず、少し心が動く。でも値段を聞くと、とても折り合える金額ではない。バスの一〇倍もの値段をふっかけてくる。ドライバーが大きな荷物を持った男性ふたりを指さして「三人でシェアしたらどうだ？それなら値段は三分の一だ」と言う。

彼らもやはり値段で折り合えないようだった。「こんなに高い金出して急ぐこともないと思うよ。よかったら一緒にお茶でも飲みながらバスを待とうよ」と。それがラーエドとの出会いだった。

ラーエドがそのアクセントからパレスチナ人であることはすぐにわかった。「私、実はパレスチナに行っていたんだ」と話すと「俺の実家はエルサレムだよ」と喜んでくれた。

ラーエドは東エルサレムのアブートゥール出身。隣のシルワンでは現在も多くの住民が「古代ユダヤの遺跡公園の整備のため」との名目で強制的な立ち退きを迫られている。カイロでの暮らしは五年になるという。「大学に入るとき、薬学部志望だったんだけど、エルサレム在住者が西岸地区の大学に検問所を越えて通学するのは至難の業でさ。いつなんどき封鎖されるかわからない道路や検問所を通って、毎日何時間もかけて通学するなんて選択肢になくてさ。だからカイロに留学することを選んだ。革命の混乱でしばらく実家に帰っていたんだけど、また大学に戻るところなんだ」と彼は話した。

ラーエドとは、バスを待つまでのあいだ、バスのなかの七時間、休憩のカフェでもずっといろいろなことを語って過ごした。ときには周囲にいるエジプト人も巻き込んで、いま起きている「革命」についての政治談議を交わした。しかしラーエドは快活に自分の意見を述べながらも、パレスチナについて周囲からたずねられると、とたんに言葉を濁した。「占領下」のエルサレムでは、見ず知らずのひとの前では本音を隠し、声をひそめて生きていかなければ身に危険がおよぶ。そしてまた私と二人だけの会話に戻ると「パレスチナではエジプトみたいな革命はあり得ないだろうね。人びとは目先のことしか見えないようにされていて、おとなしく眠らされている」と小さな声でつぶやいた。

二人でしゃべりながらの七時間は、同じ道のりとは思えないほどあっという間だった。バスは夜の一一時半ごろ終点のアッバセーヤに到着した。私はタハリール広場近くの友人が経営する定宿へ、ラーエドはアパートを借りているカイロ郊外のシッタオクトーバーへ。「ミカが日本に帰国する前に、うちでモロヘイヤスープをご馳走するから。必ず会おうね」と、連絡先を渡してくれた。

カイロは拍子抜けするほど、すっかり日常を取り戻していた。そんな様子にホッとした。定宿の近くにはバリケードがあり、軍の装甲車が常駐し、兵士もバリケード前でフル装備で立っていたが、少なくとも、パレスチナにいるあいだテレビで連日観ていたような緊迫感は消え去っていた。デモ帰りの家族連れなどが、笑顔で旗を振っている。まるでお祭りのようだった。

数日後、ラーエドとタハリール広場で再会した。二人で「革命」のお祭り騒ぎを見物に行った。みんなの笑顔が溢れていて、「ようやく自由にものを言える」という喜びを、人びとは口ぐちに語っていた。ラーエドと夜中まで一緒に「お祭り騒ぎ」のカイロの町を眺めた。

タハリール広場でラーエドと別れて九カ月後の一一月、またもやカイロ経由でパレスチナを目指す機会が巡ってきた。パレスチナでの取材とそのあとに「革命」一周年のエジプトの撮影をしようと考えていた。「革命」とその後の混乱の影響で、エジプト航空は無期限に日本からの直行便の運航を取りやめており、タイ航空とエジプト航空を乗り継いで、バンコク経由でカイロに向かった。

九カ月前も、結局このルートで帰国できたのだった。エジプト航空と提携を結んでいるタイ航空の振替のフライトに搭乗できることになり、エジプト航空のオフィスでは丁重にお詫びをされた。思えば、一五年のエジプトとのつき合いのなかで、こんなに丁寧にエジプト人に謝られたのは初めてのことで、私は、ただチケットを無駄にすることなく帰国できるというだけで嬉しく、ホッとしていた。

ラーエドに再会するためタハリール広場に向かった。抱き合って再会を喜ぶ。「またパレスチナに行く」というと、「俺が一緒に帰れればエルサレムの実家に来てもらえるんだけどなあ」と残念がる。

政治犯として収監されていたラーエドの叔父が二六年ぶりにイスラエルの刑務所から釈放されたと

いう。ラーエドは生まれてから一度もこの叔父さんに会ったことがない。しかもこのときは、「囚人」が釈放される先はガザ地区にかぎられ、ラーエドの叔父のイブラヒムもガザへ送られた。故郷のエルサレムに戻ることは許されていない。ガザ地区と西岸地区とイスラエル領内に暮らすそれぞれのパレスチナ人がイスラエルの許可なくお互いを行き来することは不可能だ。

九カ月後のタハリール広場は、暫定軍事政権支持グループとあくまでも早期の民主的な選挙を求めるグループなどとで対立が続いていた。広場にいたる道のすべてに検問所が設けられていて、身分証と所持品の検査がおこなわれているが、それでも何万というひとが集まれば統制は失われる。軍隊も出動し待機しているが、基本的には静観の構えだ。

広場には、「政府側からお金をもらって騒ぎを起こしてデモ潰しを画策している」と多くのひとが言うグループ（バルタギーと呼ばれる）が乱入してきて、あっという間に騒乱状態になってしまう。ラーエドとあわてて広場が一望できる高架道路の上まで逃げるが、その高架道路にも大きな石が飛んできて数メートル先にいたひとが頭から血を流し、高架道路のすぐ下では、割ったガラス瓶を手にデモの参加者を追い回すバルタギーの姿もみえる。殺気立つ人びとの姿に、なにがどうなるか読めない雰囲気を感じ、広場を離れることにした。

「ナイル川で舟に乗ろう」とラーエドに誘われた。川沿いを散歩すると、広場からたった数百メートル離れるだけで、お茶を飲み、家族連れがお菓子をつまみ、カップルが腕を組んで歩き、舟遊びを楽しんでいるという姿に変わる。「同じ通りの上で一方は舟の上で踊り狂い、一方は流血の闘い。これがいまのエジプトだよ」とシニカルに笑う。

ラーエドは、広場で人びとに声をかけられ、出身地を尋ねられるたびに「ヨルダン人」「シリア人」

と名乗り、決してパレスチナ人とは名乗らない。私自身「エジプト人は四度の戦いでパレスチナ人のために血を流したのに、パレスチナ人はそのことに感謝もしない」と話すエジプト人に会ったのも一度や二度ではない。そのことを、六年にもわたるカイロ生活で彼が感じていないはずはない。

「大学を卒業したら、もうエジプトには来ないだろうな。何十年もたって、おじさんになったらその思いも変わるかもしれないけど。でも、夢を叶えるためにはしかたがなかった。エルサレムには、占領のストレスで病気になって悩んでいる人、弾圧で怪我を負うひとがとても多いから、故郷でそんなひとたちの役に立ちたいんだ」と夢を語る。

先のことが見えにくいパレスチナで、夢や目標を抱いて将来を見据えながら生きていくことはとても難しい。そんな道が選べる幸運、能力、環境を併せもったラーエドの夢が叶うようにと、強く願いながら別れた。

数カ月後ラーエドから一通のメールが届いた。「卒業して、薬剤師の資格を取ってエルサレムに戻ったよ。ラースルアムード（東エルサレム）の薬局に就職した。今度はエルサレムで再会しよう」と。

そして一年半ぶりの今回の旅のはじめに、エルサレムでラーエドに再会した。電話をすると「すぐに会おう」と言う。ダマスカス門前でラーエドを待った。

一年半ぶりに会うラーエドは、少し太って貫禄がついた。「エルサレムでミカに会うのは初めてだよね。感慨深いなあ」とラーエド。

知り合いの、旧市街城壁の門番をつとめるおじさんから鍵を借りて、一般の人には立ち入りが許されていない箇所から城壁をのぼっていく。「城壁を歩いて旧市街を一周しよう」。

ムスリム地区のダマスカス門付近からスタートして、クリスチャン地区、アルメニア地区、ユダヤ地区と、城壁の上から眺める。歩きながら、ラーエドの弟がイスラエルの刑務所に入れられてしまったこと、アラブアイドル（アラブ版「スター誕生」番組）で大人気を得たガザ地区出身の歌手ムハンマド・アッサーフのエルサレムでのライブがイスラエル当局に許可されなかったこと、ラーエドが暮らす地区の隣のシルワン地区で当局による家屋破壊と強制退去がどんどん進められていることなどを聞く。

故郷で友だちに囲まれて、カイロにいるときよりもはるかにのびのびした笑顔を浮かべて、仕事に打ち込むラーエドの姿に出会えたことが嬉しかった。パレスチナでは、ひとの死が日本に比べてずっと身近で、再会を約束していたのに、それが叶えられないことも多い。「またね」と手を振りながらも、本当にまた会えるのだろうかと、後ろ髪をひかれるような思いでその場を立ち去ることも多々ある。ラーエドと、彼の故郷で再会できたことが本当に嬉しかった。

「また今度ゆっくり会おう。今度はうちに泊まりなよ。うちの母親がミカのためにご馳走つくって待ってるって言ってるしさ。オリーブ摘みを撮りたいんだろう？　うちのまわりにもいくらでもあるからいつでもおいでよ」と、仕事に向かうラーエドと別れた。

占領や抑圧が身近にあるエルサレムで生きていくということは、決して楽なことではないけれど、夢を叶えて穏やかに笑っているラーエドの笑顔は、私にとっては希望の象徴のように感じられる。

ハムディの告白

一年半

オリーブの季節をパレスチナで過ごしてみたいとずっと願っていた。オリーブの収穫は、ビリン村の「家族」のもとで撮ろうと決めていた。

村を訪ねるのは約一年半ぶり。セルビスで、一〇人がけの座席に座ったひとたちのなかに知った顔がいないかと探すが、誰ひとり知らなかった。この車はビリンに向かうまでのあいだ、デールイズビやカフルニイマといった村々を経由する。いつもはこのセルビスのなかでしばしば村の知り合いに会う。この一年半で運賃は変わっていないかと、恐る恐る七シェケル（約二一〇円）を出すと、運転手はなにも言わずそれを受け取った。

「実家」にはパパ、ママ、ハミース、ハムディ、ムハンマド、ムスタファの息子ヤジード、たまたま実家を訪ねてきていたイクラームがいて、みんなと抱き合って再会を喜んだ。そして、初めて会うそれぞれの子どもたちがいた。一家の「兄弟姉妹」たちは、結婚、出産ラッシュで、一年半前は次男と長女、次女、三女が結婚していただけだったが、いまでは、結婚しておらず子どもがいないのはハムディとムハンマドだけで、一家はまるで託児所のような騒ぎだ。

ハムディとは二〇一一年二月に別れて以来の再会。とりわけ強く抱きしめ合って再会を喜んだ。「ミカがこの時期に『帰って』来てくれてよかったよ。いまうちでオリーブ摘みをできるのは俺しかいないんだ。俺ひとりでやらなきゃいけないかと思っていたけど、助かった」とハムディ。

この一年半のあいだに、ママは視力を完全に失い、パパまでが視力を失いかけていた。ふたりの糖尿病は悪化の一途をたどっている。パレスチナでは、コネや金がないかぎり、高度な治療を優先的に受けることは難しい。また医師も薬品も機材も十分とは言いがたい。ハムディはつい数日前、ママを連れてエルサレムの病院へ行こうとしたが、彼には検問所の通行許可証が発行されなかった。

ハムディは二〇一一年二月ドイツへと旅立った。それは「ドイツ人の彼女と結婚して、ドイツに骨を埋める」覚悟の旅立ちだった。

しかし、ドイツでの暮らしは、思い描いていたとおりのものではなかった。ドイツ滞在のビザを「与えてくれた」妻との不仲、人種差別、そしてなによりドイツや周辺の欧州各国で非暴力抵抗運動のビリン村の闘いを講演してまわるなか、いままでの経験を話し、写真を展示することはできても、そこでは現在の闘いを撮れないという現実があった。端から見ていても、やはりハムディはパレスチナにいるからこそ、分離壁反対運動の現場にいるからこそのカメラマンだった。ドイツには彼の撮るべきものはなかった。彼は妻と離婚して故郷に戻ることを決めた。

ハムディの帰国は、前回私がビリンを去ったのとほぼ同時期の二〇一二年二月のことだった。「ミカがあと一週間滞在を延ばせれば、ビリンで再会できるのに！」と何度もハムディにそう言われたが、私はエジプト「革命」一周年を撮りたかった。結局、わずか一週間のすれ違いで、私の出発後に彼はビリンに帰ってきた。

一家の近況をたずねると、長男のハミースと五男のムハンマドは、タイル職人として毎朝早くから働きに出ているとのことだった。ハミースは二〇〇九年に分離壁反対デモでイスラエル軍兵士に頭部を銃撃されて以来あまり体調がよくない。しかし、結婚して息子のアブードが誕生し、そんなことも言っていられないようだった。

次男のムスタファは造園の仕事をしていた。それだけでなく、日中は妻のサブリーンとともに、近所のアブームスバーハが所有する木のオリーブ摘みの仕事をしていた。アブームスバーハはビリン出身で母親はビリンで暮らしているが、自身はエルサレム出身の妻とラマッラーで暮らしていた。会社を経営しており多忙で、オリーブ摘みを他人に任せたいとのことだった。ムスタファは摘んだオリーブから採れるオリーブオイルの半分を報酬として受け取ることで、この仕事を請け負っていた。夫妻には待望の次男ムハンマドが誕生し、ヤジードはしっかり者のお兄ちゃんへと変貌を遂げていた。

三男のヘルミーは二年前までは一家のなかで唯一定職についていたのだが、家具職人としての仕事を失っていた。ドゥアーとの「長い春」を経て、いまではカイスという息子が誕生していた。そしてドゥアーのお腹には二人目の命が宿っている。ヘルミーは近所の人たちから頼まれる臨時雇いの仕事で糊口をしのいでいた。

四女のイクラーム、五女のイルハームもそれぞれ近隣に嫁ぎ、それぞれにラマール、ナウラスという娘が誕生していた。

一家のなかで、家のためのオリーブ摘みをできるのがハムディしかいないというのも納得がいった。あまり変化のない私の「一年半」と、彼らの「一年半」は時間の流れが大きく違っているようだった。

リーダー潰し

ある夜ハイサムと歩いていると、近所に住むアシュラフが青ざめた顔でなにかを握りしめて歩いてきた。「どうしたの?」と聞くと、どう答えようかと明らかに言葉を選んでいる。私とハイサムの顔を何度も覗き込みながら、私たちふたりが信用に値するのかアシュラフ自身も迷いをみせているようだった。彼は深くひと息つくと「いま見たこともない車に乗った男たちがメインストリートの各戸にこの紙を投げ込んでいるのをみた。そっと隠れながらみていると、その男たちはアブダッラーの家の前に停まっている車にペンキをかけていった。この紙見ろよ」とアシュラフから、握りしめていたクシャクシャの紙を渡された。

その紙にはアラビア語で「村の分離壁反対運動のリーダー、アブダッラーは運動のために集まった資金を私的に流用している。彼はリーダーにふさわしくない」というようなことが、義憤にかられた村の有志を装って書かれている。

この紙を持って実家に戻り、兄弟たちやパパにもこのことを伝える。みんなの一致した意見は「あり得ない」とのこと。「アブダッラーは将来は政治家を目指しているのか、有名になりたいっていう意識は感じるけど、カネには汚くない。もともと彼の家は金持ちだし、そんなことですべてを台無しにするようなヤツじゃない」というのがみんなの見解だった。

直接その男たちを見たアシュラフや、ほかの目撃証言から、どうやらその男たちは近隣の村からやってきた、村の運動の分断を謀るためシャバク(イスラエル総保安庁)に雇われた人間だろうとのことだった。それまで頻繁にそのような分断作戦の話を聞いていたが、実際に自分の目でその一部を目撃するのは初めてのことだったので、とてつもなく暗い気持ちになった。

数日後、今度はイスラエル軍兵士が夜中に村に侵入してきた。午前一時過ぎ、一緒にいたハイサムの電話が鳴った。「どうする？　危ないから来いとは言えないけれど、もし来てくれるなら助かる。外国人のミカの存在は俺たちを守ってくれるから」とハイサム。頭の中ではたくさんの行かない言い訳が駆けめぐる。しかし外国人の私の存在、私が構えるカメラの存在、それらが本当に地元の人びとの身を守る可能性があることは事実。意を決してカメラを抱えてハイサムのあとに続いた。

どこに軍のジープがいるのか、目的はなんなのか。あちこちに電話で確認をとるが、なかなか全容が見えてこない。ようやく先に「標的」を探し当てたハムディと連絡がつき、合流して兵士がいる場所へ向かった。軍のジープが五台も入ってきていた。

兵士が立ち去った現場で「標的」にされた村人から話を聞くと、シャバクへの出頭命令書を渡してまわっているとのことだった。命令書を見せてもらうと、ラマッラー郊外にある入植地兼軍事基地ベトエルの事務所に出頭するようにと書かれていた。ここでは捜査と称して、治療が必要な病気の家族などをネタに脅しや報酬などの甘言をうまく使い分けながら、協力者をリクルートしていると村人たちが話す。

ビリン村を通る分離壁建設ルートが変更され、変更前は村の総面積の五〇％ほどが分離壁の向こう側に取られる予定だったものが、変更後は村の総面積の二〇％ほどになった。村人たちは三〇％ほどの土地を「返還」された。しかし返還されないままの二〇％ほどの土地では、現在も入植地の建設がつぎつぎと進められている。

村人たちは「返還」された土地を再び耕し、それを「闘いの勝利」と喜んだが、新たに目の前に立ちはだかるコンクリート製の分離壁と巨大な入植地群に「もうこれ以上闘っても無駄なんじゃないか」「命を懸けてまで闘う意味があるのか」と話す村人たちも現われはじめた。

「本音を言えばもうみんな疲れているんだよ。もちろん俺も含めて。でも、そんなこと言えるわけないし」と疲れた顔でこっそり話してくれたのは、村のリーダーのひとりだった。

そのようななかで、現在ビリン村では以前のようには運動が盛り上がりをみせていない。デモの参加者も、村を訪れる外国人活動家の姿も減ってしまった。

とはいえ、それはあくまでもビリン村にかぎった話で、パレスチナ全体の分離壁や占領に反対する民衆の非暴力抵抗運動は、それぞれの町の横のつながりを深めながら盛り上がりをみせている。二〇一三年のエルサレム郊外の入植地に反対する「バーブアッシャムス」の抵抗を皮切りに、パレスチナ各地から助けを必要としている場所に集まり、住民追放がおこなわれた場所で「村」を再建するなどの抵抗運動が広がりつつある。

アブダッラーなどビリン村の運動を担ってきたリーダーたちも、このような新たな抵抗運動で旗振り役を務めるなど、主要な役割を担い続けている。イスラエル軍や当局が分断やリーダー潰しに躍起になっているのは、それゆえではないかと感じる。

秘密

ハムディとオリーブ摘みをはじめることにした。バケツ、木の下に広げる大きなビニールシート、脚立、のこぎり、大きな袋を用意して向かう。忘れてはならないのが、水とコーヒーの粉とコーヒーを沸かすジャズベという持ち手の長いひしゃくのような形をした小さな鍋のような器具。

かつて、一家は広い土地とオリーブの木々を所有していたが、パパの兄弟、ハムディたち兄弟……と、それぞれに分与していくなかで、木も土地もすっかり減ってしまった。息子たちが大人になり、それぞれの家を建てるためにオリーブの木を切り倒し、農地をつぶして息子たちに譲った。人口が増え、農業以外の従事者も増えた村では、土地の売買もさかんである。独立する息子のために新たな土地を買い与える親もいるが、パパにはそのような資金は用意できなかった。

オリーブの木を失ってしまった村人のために、篤志家が村のモスクに土地とオリーブの木を寄進した。この土地と木の所有権はあくまでモスクにあるが、そのうちの木の何本かの管理をパパが任され、一家はその木の実の収穫が可能となった。パパは長年この木々を大切に手入れし続けてきた。向かったのはそんなオリーブ畑だった。

木に名前が書いてあるわけでもないので、大体この辺だとあたりをつけていても、実際に何本もの木が並んでいると、どれが該当の木なのかわからなくなる。近隣でオリーブ摘みをしている人や通りがかった親戚にたずねたりしながら、ようやくその木に辿り着いた。さっそく大きなビニールシートを敷いて、手が届く部分から順に、葉のついた柔らかい枝を親指と人さし指で挟み込み、実をつまんで落としていく。

何時間もとりとめのない会話を繰り返しながら、ただひたすら頭上のオリーブの実を摘み取る。頻繁に煙草を吸いながら鼻歌を唄い、木の上から声をかけてくるハムディ。「ミカは黙々と熱中してやりすぎだよ。もっとのんびりやればいいのに。やっぱり日本人なんだなあ、そういうとこ。日本が発展するわけがわかる気がするよ」と。

ハムディが乾いた枝を集め、焚き火をして湯を沸かしはじめた。沸騰した湯に粉状のコーヒーを入

2年半ぶりに再会したハムディ（ビリン、2013年）

ブランコに乗って遊ぶアダーリ
（ビリン、2013年）

オリーブを摘むアシュラフ（ビリン、2013 年）

夕方オリーブ摘みを終えて帰宅するムスタファー家（ビリン、2013 年）

搾りたてのオリーブオイル
（ハルバサ、2013年）

オリーブ収穫祭でタブカが披露される（ビリン、2013年）

パイプをくゆらすパパ（ビリン、2013 年）

旧市街の漬物屋さん（ナーブルス、2013 年）

息子のイマードとカマール（ジェニン難民キャンプ、2013年）

地表に落ちたオリーブの実を拾うマハとジュジュ
（ラーミーン、2013年）

アルアクサーモスク入口の検問ではじかれ、路上で礼拝をおこなう人びと（エルサレム、2014 年）

礼拝後に警察に抗議をしたため連行される青年（エルサレム、2014 年）

立ち退かされた家の近くで抗議を続けるナーセルさん（シェイクジャラ、東エルサレム、2014 年）

オリーブ摘みをするインムファラジ（カフルマーリク、2014 年）

俳優サーレフ・バクリー
（ハイファ、2014 年）

コミュニティセンターの修復をするラシード（ファサイル、ヨルダン溪谷、2014 年）

パン生地をこねるインムユーニス（ジフトリク、ヨルダン渓谷、2014 年）

家畜の放牧（ジフトリク、ヨルダン渓谷、2014 年）

射殺されたモアッタズ・ヒジャーズィの母と妹（アブートゥール、東エルサレム、2014 年）

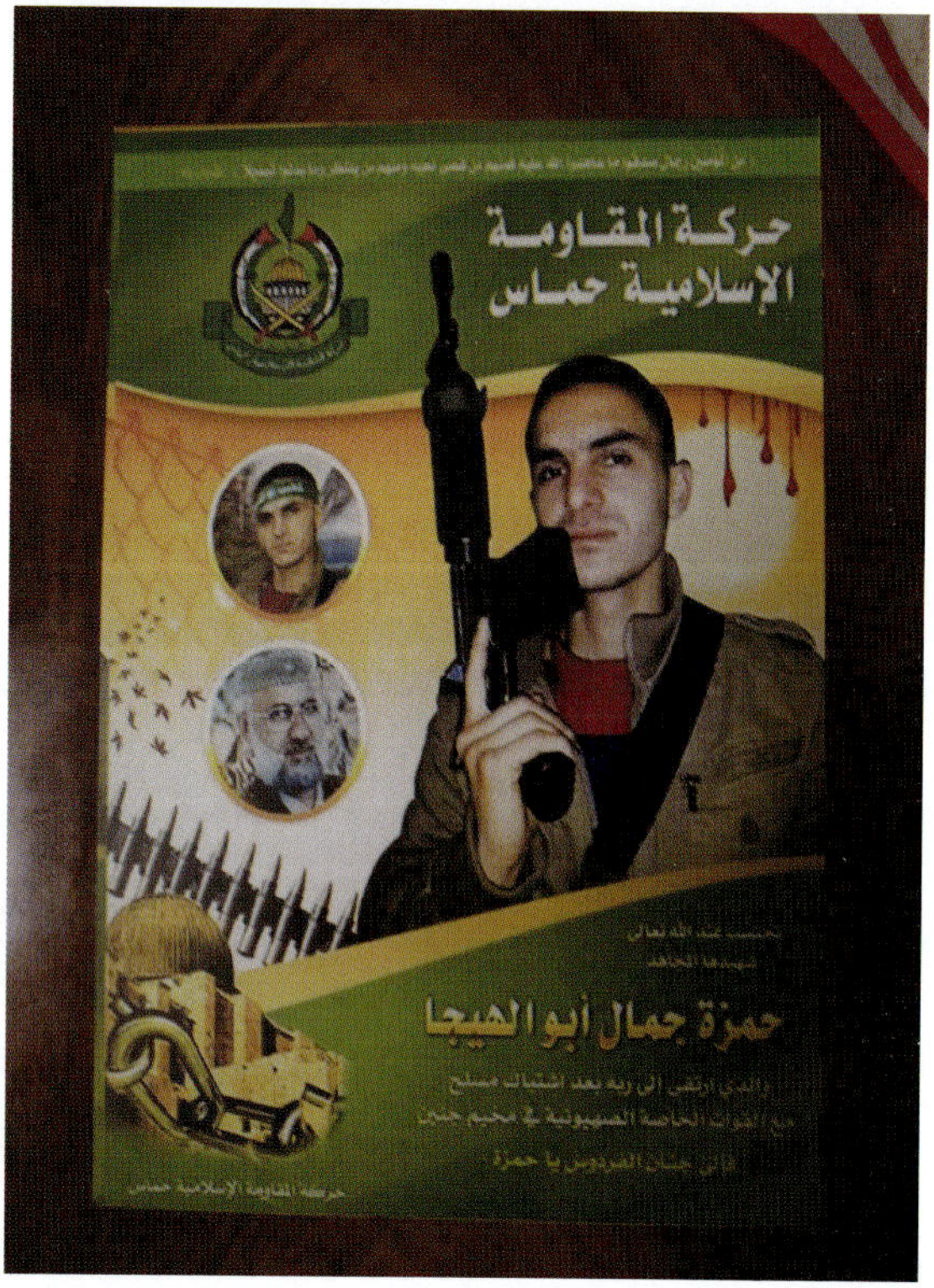

射殺されたハムザの「殉教者」ステッカー
（ジェニン難民キャンプ、2014 年）

亡き祖父と父の写真の前で「私はゼライーン出身」と書いた紙を掲げるエリヤ（ジェニン難民キャンプ、2014 年）

裏庭の瓦礫の片づけを始めたカマールとジュジュ（ジェニン難民キャンプ、2014 年）

ジュジュの誕生日、ケーキの値段は60シェケル！（ジェニン難民キャンプ、2014年）

瓦礫を片づけてコンクリートを流し込み家畜小屋の土台ができた（ジェニン難民キャンプ、2014年）

オリーブを植えるカマールとジュジュ（ジェニン難民キャンプ、2014 年）

植えられたレモンの木をみつめるエリヤとイマード
（ジェニン難民キャンプ、2014 年）

農場仕事の休憩時間。7 時間半労働で日給は 50 シェケル（約 1500 円）。（ジェニン、2014 年）

ヘンナを施された新郎のサッダーム（ジェニン難民キャンプ、2014 年）

イードの日、弟を出迎えたママ（ビリン、2014 年）

オリーブ摘みの休憩にハムディが淹れてくれたコーヒー（ビリン、2014 年）

収穫したオリーブの実と葉をわけるインムアーティフ（ビリン、2014年）

約3年ぶりに訪ねたアハマドの畑、収穫した野菜を手にした娘のヌール（ビリン、2014年）

れて火から少しずらしてかき混ぜながら、何度か沸きあがったところででき上がり。ハムディとふたりでコーヒーをすすった。ハムディは古い大木を愛おしみ、小鳥のさえずりに笑みを浮かべた。「俺たちパレスチナ人は本質的にやっぱり農民なんだよ。自然とともに生きるこういう生活がやっぱりいい。ドイツでいちばん恋しかったのはそういう暮らし」と話した。

何日もオリーブ畑に通い、日没とともに家に帰る日々を過ごした。

オリーブ収穫の季節にはビリン村では「オリーブ収穫祭」がおこなわれ、そこでは伝統的な衣装を着た「大地の恵みに感謝する」踊りが披露され、村の子どもたちが伝統舞踊のダブカを披露した。ラマッラーでは西岸地区全土から集まってきたダブカのチームが競うコンテストがあり、村の公民館には大道芸人が来るなど、目まぐるしく日々が過ぎていった。さまざまな催し物が開かれるこの時期は、まさにハレの日の連続だった。

自分たちが収穫したオリーブの搾油と、その搾油所の撮影もすませ、連日連夜の催し物の撮影が終わり、いよいよオリーブ収穫の季節の終わりを意識しはじめたある晩、ムハンマドと共同で使っている「自分の部屋」にこもっていると、「コーヒー淹れたからこっちにおいでよ」とハムディの部屋に呼び出された。

私たちは本当の姉弟のように、わざわざ一緒に時間を過ごすことは少なくなっていた。ハムディは彼の部屋で自分の時間を過ごし、私は私に与えられた部屋のベッドの上で自分の時間を過ごす、そんな夜が増えていた。どこかへ出かけるにしても、お互いに声をかけたりすることもなく、金曜日のデモの日すら一緒に行くこともなくなっていた。オリーブの収穫作業は、そんな私たちが唯一ふたりで一緒に過ごした時間だった。収穫作業が終わると、また一緒に過ごす時間も減っていった。ようやく四年半かけて、とくに多くを話さなくても、一緒にいなくても、お互いにそのことを意識しなくてすむようになっていた。まるで大昔からそんなふうにこの家で一緒に過ごしてきたかのように。

コーヒーを渡されてハムディのベッドに腰かけ、「なに？　仕事終わったの？」とたずねた。ハムディは家にいるあいだずっとその日撮影してきた写真をセレクト、編集して自分のサイトにアップする「仕事」を続けている。ハムディに呼び出されるのは大抵、写真のセレクトで迷ったとき、編集で意見を聞きたいとき。この夜もそんなことだろうと思っていた。「いや、話しておきたいことがあるんだ。これは身のまわりの誰にも言ってないことで、家族も知らない秘密。でもミカには話しておこうと思って」と、こちらに向き直った。

ハムディから聞かされた秘密の告白は衝撃だった。彼がパレスチナを離れる決意をした理由とも、また翌年「捨てた」はずの故郷に戻ってきたこととも、大きなかかわりのある話だった。

ハムディは、あるグループのために働いていた。それが危険なことだとは承知のうえで。自分のその働きこそがパレスチナのためになるとの信念からだった。しかし、それを快く思わない者が脅しをかけてくるようになった。ハムディ自身や家族の命すらもその対象として脅された。「実はずっと疲れていたんだ、そのことに。祖国は裏切れない。でも自分の命だけじゃなく家族の命も危険にさらされる。誰にも気づかれないように神経をすり減らしてバカで能天気な自分を演じ続けることにも疲れ切っていた。もうあのときパレスチナにいるのは限界だと思っていたんだ。でもそんなこと誰にも言えない。だからとにかくパレスチナを離れるチャンスをつかむのに必死だった。だけど安全なドイツで暮らすうちに気づいたんだ。このままパレスチナのためになにもしないで遠くに逃げたままの一生を過ごすことになんの意味があるんだろうって。そんな人生に悔いは残らないだろうかって。だからここに帰ってきた。もう覚悟はできたんだ。無駄死にはしたくないけれど、自分の信念と祖国のためだったらこの命は賭ける価値がある。もう怖くない。そのことを誰かに知っておいてほしくてさ。なんでかな、ミカだったらわかってくれるだろうと思うから」。

そう話したハムディは、その「仕事」から得た、村の大きな秘密を話してくれた。それは、分離壁反対運動を続ける村にしかけられた「分断政策」の大きな傷痕だった。私は驚きで言葉も出ず、そのことをどう消化すればいいのかわからなくなった。しかしハムディから聞いた話を思い返せば、滞在中の一〇月、ビリン村の洞窟に立てこもったイスラーム聖戦機構のメンバーが、イスラエル軍の無人偵察機に「発見」され、射殺された事件も合点がいった。

ハムディは話を終えると、すぐにまたいつもの軽々しいお調子者の姿に戻った。それは、もともと彼がもっている性質なのか、演じているものなのかはわからない。彼は母親のバスマにもそのことを話していない。しかし、ことあるごとに「自分の息子ながらハムディのことは誇りに思う」と話すママは、きっとなにかに気づいているのだろうと思う。

「搾油所の写真、どれがいいと思う？」と、いつものようにハムディが意見を求めてくる。写真談議に花を咲かせる。こうやって、この四年半一緒にカメラを手にビリン村の姿を見つめてきた。ハムディのパソコンのスクリーンに表示された何枚ものオリーブの収穫作業の写真を見ながら、この先、とことんハムディの抱えるもの、村が抱えるものを、見つめていこうとあらためて覚悟を決めた。それがどれだけ心に重くのしかかる、悲しい事実であったとしても。

初めてこの村に出会い、取材をはじめたとき、まるでこの村の闘いは希望や可能性に満ちた理想の運動、闘いに思えた。それが嘘だったわけでも、まやかしだったわけでも決してないが、この村の闘いや人びとを深く知るほどに、きれいごとでは片づかないことがたくさんあることも知った。どこの世界でも当たり前にある嫉妬、裏切り、分断というものがここにも横たわる。彼らは決して「理想の英雄」ではないのだから。それでもなお、私は、みずからの尊厳や権利のために立ち上がり、命をかけて闘い続けている彼らを尊敬している。この村も、この村の「家族」も友人もかけがえのない大切な存在だ。これからも、彼らとこの闘いの行く末を見守り続けていこうと思う。

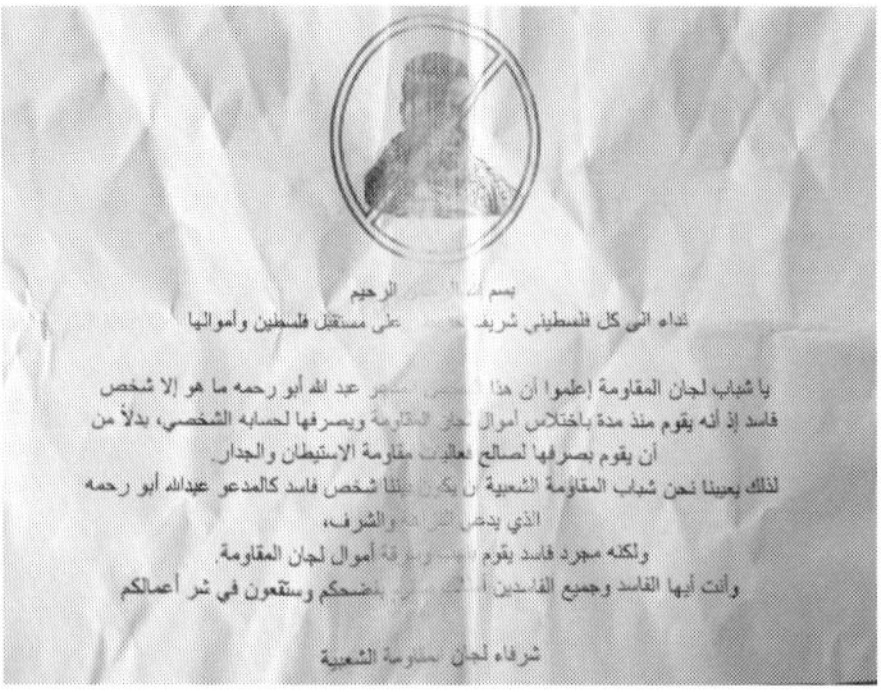

深夜、村にばら撒かれた「アブダッラーを告発する」怪文書（ビリン、2013 年）

「シャバクオフィスへの出頭」命令書を深夜に武装した兵士が村人に渡す（ビリン、2013 年）

二〇一四年

二〇一四年六月ヘブロン郊外で入植者の青年三人が誘拐され、殺害された。イスラエルはただちに西岸地区全土でハマース関係者の捜索、身柄の拘束を開始した（のちにダウラットアルイスラーミーヤの名で犯行声明が出た）。ガザ地区からはロケット弾が飛ばされ、七月イスラエルはガザ地区への空爆と侵攻をおこない二二〇〇人もの人びとが殺された。

「入植者誘拐殺人事件」が起きたのは、七年間の分裂の解決のため、ファタハとハマースの統一暫定政権最終合意（二〇一四年六月）がなされた直後だった。まるで「図られた」かのようなこのタイミングでの事件発生とガザへの攻撃に、言葉にならない違和感をおぼえた。

それぞれの抵抗と闘い

金曜日の闘い

エルサレム旧市街では金曜日になるとイスラーム教徒が礼拝のために自由に立ち入れなくされていた。一八歳から五〇歳の男性のうち旧市街に自宅や職場があるひと以外は、すべて旧市街の城壁の九つの門に設けられた検問所ではじかれる。完全武装のボーダーポリスが各地で銃を構えている。アルアクサー入口の検問所でも五〇歳以下の男性がはじかれている。聖地で自由に祈ることすら許されない人びと。検問を越えられなかった男性が首を振りながら「もうすぐだよ。近いうちにきっとこんなことは終わる」と私の瞳をじっとみつめながら静かにつぶやいた。

ダマスカス門付近の空き地や路上では、検問所ではじかれた多くの人びとが集団礼拝をはじめようとしていた。その前にはバリケードが張られ、警察とボーダーポリスが銃を手に持ち監視している。なにかあれば号令ひとつで一斉に弾圧に乗り出すという隊員たちの張りつめた緊張感が伝わってくる。まるでその口実を探し待ち構えているかのように。

隊員たちの緊張感とは対照的に礼拝は静かにたんたんと進んでいく。どれだけ邪魔をされようとも、どれだけその権利を阻害されようとも、可能な場所で可能なことを続けていくというスムード（不屈、立ち向かうこと）精神を目の前の人びとは体現している。このひとたちはどれだけ耐え続けるのだろう。どれだけ奪われれば終わりが来るのだろう。ファインダーをのぞきながら、その悲しいまでの「強さ」にやりきれない気持ちになる。

礼拝は静かに終わったが、礼拝のあと、弾圧の口実を探し待ち構えている警察に「反抗的な言葉を吐いた」青年が、取り囲まれて殴る蹴るの暴行を受け連行されていく。それを助けようとした青年もまた同様に暴行され連れ去られる。その場面を撮っていると、激昂した警察に怒鳴られる。彼らが近づいてきたのでその場をさりげなく離れた。

金曜日午後、シェイクジャラでは住民、追い出された元住民、それを支援するイスラエル人活動家たちが集まり、サイレントデモがおこなわれている。「占領反対」「シェイクジャラはパレスチナ人のもの」「人種差別反対」などとヘブライ語、アラビア語、英語で書かれたプラカードを手に黙って通りに立つ。すぐそばにはフレンチヒルなどの入植地が広がり、東エルサレムを南北に貫く幹線道路のそばでもあるため、入植者の車も頻繁に通る。彼らからは通りに立つイスラエル人に「裏切り者」「恥を知れ」などの罵声も飛んでくる。わざわざ車の窓を開けて唾を吐いていくひともいる。

参加者のなかに、ふとナーセルさんの姿があることに気づいた。二〇〇九年の夏、この目の前の場所、現在はフェンスで囲まれて立ち入れないようにされた土地で、家屋破壊と追放の抗議の座り込みをおこなっていた彼に話を聞かせてもらったことがあった。そのあと何度かこの場所を訪ねてナーセルさんの姿を探したが、再会は叶わなかった。ナーセルさんに五年前話を聞かせてもらったことを告げると、厳しい表情が少しだけ緩んだ。髭は白くなり、表情の厳しさが増して見えた。この五年間、彼はどれほど厳しい日々を過ごしてきたのだろう。話しているうちに徐々に笑顔も浮かび、印象的なあの瞳は変わっていないことに気づいた。とにかく無事であったことが嬉しかった。

ハイファへ

ハイファ行きのバスはエルサレムから一時間もかからずモディイン入植地群のそばを通る。この入植地群の端がビリン村の土地の上にさしかかっており、村人たちはその土地を奪われ、壁によってその土地から遠ざけられている。この幹線道路からはもちろんのこと、イスラエル側からはよほどその場に近づかないかぎりそのような現実は見えなくされている。道路は片側三車線もある快適なハイウェイ。その脇には新しい人工的な町が続く。この下に埋もれたパレスチナ人の町や村、その営みが消されていった。すぐ目と鼻の先にあるはずのものがなにも見えないという不自然さ、見たくないものを見ないようにすることによって成り立つ社会がこの道路から垣間見える。

ハイファ在住のパレスチナ人俳優で友人のサーレフ・バクリーを訪ねてハイファにやって来た。『オマールの壁』主演のアダム・バクリーの兄でもある。。

指定されたコーヒーショップで座っていると、ほどなくして彼が友人と一緒にやって来た。固く抱き合って再会を喜んだ。ヘブロンのパレスチナ産ヘルバウィーのクフィーヤ（男性が頭にかぶる布、ハッタとも呼ばれ、スカーフとしても用いられる）をお土産に手渡した。彼はその袋に書かれた文字「スィナーア フィファラスティーン（Made in Palestine）」を愛しそうに声に出して読み上げ、「最高のお土産だ。このパレスチナ産のクフィーヤは僕らの誇り。袋ももったいなくて捨てられないよ」とその袋までをも抱きしめる。さっそく彼は自分の首にクフィーヤを巻く。彼の瞳の色と似たオリーブ色のクフィーヤがよく似合う。

街や海を見下ろす高台に彼の家はあった。キッチンとバスルーム、リビングのほかに部屋がふたつあり、広いバルコニーにはテーブルやイスとベンチが置いてあり、海や街を見渡せる。

キッチンには「消されて」しまったアラブの村々の名前が書かれたパレスチナの地図が貼られている。「ジェニン難民キャンプでお世話になっている一家がハイファ近郊のゼライーンという村の出身なんだ。いつか探して彼らの代わりに訪ねてみたいと思っている」と話すと、難民となった人びととその子孫である同胞に深く思いを寄せる彼は「そのときは協力するよ」と言ってくれた。彼は演劇を通した「抵抗」を提案するワークショップを、各地の難民キャンプで無償ボランティアとしておこなっている。

彼は『迷子の警察音楽隊』で「イスラエルのオスカー」と呼ばれるOphir Awardで助演男優賞を受賞した。そのような実績を重ね、影響力を身につけたのちに「イスラエル政府が占領政策、人種差別政策を変えないかぎり、政府が制作協力や宣伝などをする映画には出演しない」と宣言した。彼の父親ムハンマド・バクリー（イスラエルのアラブ系俳優としてのパイオニア）が、二〇〇二年のジェニン難民キャンプの虐殺の直後にキャンプに入り、生き残った人びとから集めた証言を撮ったドキュメンタリー『Jenin Jenin』を発表したときと同様のバッシングが彼を襲った。しかし、彼は「父親の姿をみつめて育ち、パレスチナ人の俳優として抵抗をする生き方を選んだ。自分なりの方法で自分にできる抵抗を続けていくだけ」と話す。かつて『迷子の警察音楽隊』での受賞の際に「父からは人間としての愛情、母からはこの国でパレスチナ人という立場で『重荷』を背負って生きていくことへの忍耐と強さを学んだ」とインタビューで話した。

そのお母さんからは「どんなことでも自分でできるようになりなさい」と育てられたという。「料理も掃除も洗濯も全部母から習った」という彼は手際よく牛肉のトマト煮込みを作っていく。バルコニーに座り、遠くに見える海を眺めながら昼食をいただいた。

生まれた場所の話、読みかけの三島由紀夫の本の話、育ったハイファ郊外の山の話、オーストラリアでの旅で出会いすっかり気に入った日本ふうの温泉の話、途中で監督と意見が合わずにとん挫したアルジェリアでの撮影話など尽きない話を楽しんだ。キッチンで洗い物を手伝うと申し出ると「大丈夫。料理も片づけも苦にならないから。お客さんらしく座っていて」と笑う。「私の居候先などでは男性は誰も料理も片づけもやりたがらないんだよね。そういうことは男がやることじゃないとばかりに、お茶一杯淹れられず座っているだけの男が多い」というと「たしかにそういう家は多いかも。うちは母が男だろうが女だろうがなんでもやらせたし、分け隔てなく教えてくれたからね。そんな母に感謝しているよ」と答える。

別れる前に、車でハイファを案内してくれる。彼が案内してくれたのはワディサリーブというかつてのアラブ人の町。この一角はかつてムスリムとクリスチャンが多く暮らす町だったが、一九四八年の戦争で約六万人のアラブ人がこの地区を離れ、戻ることを許されなかったという。それらの建物は「不在者財産没収法」により接収され、ハイファに辿り着いたホロコースト生存者やその後はモロッコ系移民がこの地に多く住みはじめた。石造りの廃墟のような一角が残されており、このような場所にイスラエル国内から芸術家たちを呼び寄せ、アトリエを提供して芸術家村を造ろうという計画がなされている。こうして「消されて」「見えなくされて」いるものがこのハイファにもたくさんある。アラブ人口も一定数いるこの街ではアラビア語も聞こえてくるが、圧倒的に聞こえてくるのはヘブライ語。丘の上にはバハーイー庭園があり「バハーイーもドルーズもイスラームもユダヤも共存するコスモポリタンな港町」というのがハイファのキャッチコピーだが、表面上はそうであっても「消されて」「見えなくされた」ものがたくさんあることを知ると、そのキャッチコピーも空虚に感じる。

アラブ人街のワディニスナースで再会を約束して別れた。彼がお土産にくれたものは「リハーン」という名の彼の家にある鉢植えの植物の種。「同じものがミカの家にも育つといいね」と渡してくれた。お土産に種をくれたのは彼らしいと思った。文化や芸術をとおしてパレスチナ人であるというアイデンティティを育み表現する「抵抗」の種をまいている、まさにそんなひとだから。

ラーエドの家族

ダマスカス門でラーエドと昨年以来の再会を果たした。「うちの母親がミカを待っている。うちに泊まっていくでしょ？　うちはそのつもりで用意してあるけど」と言ってくれ、お言葉に甘えることに。「ようやくミカをうちの家族に会わせられるね。何年越しの計画だっただろう」と笑う。前年、ラーエドの故郷エルサレムで本当に彼と再会できたことも嬉しかったが、彼の家族を訪ねることができるなんてそれ以上に嬉しい。夢をかなえて故郷に戻ることができたこと、三年間なにごともなく彼が元気でいてくれたこと、そのどちらも当たり前のことのようで、このエルサレムでは決して簡単なことではないから。

実家は東エルサレム、アブートゥール地区にあった。去年改築したばかりの広くてきれいな家。現在も改築中の隣部分は将来次男ムハンマドの家になる予定だという。二階部分にはラーエドの叔父一家が暮らす。しかしそのバルコニーの増築が「違法改築」ではないかと、ちょうどこの日エルサレム市当局の役人と警察が家にやって来て外から写真を撮って帰って行ったという。「罰金か裁判所による破壊命令か」と一家は不安に包まれている。東エルサレムのアラブ系住民の多くの家が「違法建築」「違法増改築」として当局より破壊されている。しかし、アラブ系住民に増改築の許可、ましてや新築の許可が当局からおりることは滅多にない。

次男ムハンマドは一年以上もイスラエルの刑務所に入れられたまま。武装組織とのかかわりを疑われている。家族が語るムハンマドは、長男のラーエドのキャラとはかなり違う印象。ラーエドは秀才で努力家、どちらかというと慎重な性格。長男の責任感なのだろうか。「行きたいところも、やりたいこともたくさんあるけど、いま自分がこの立場で好きなことをやってしまうと家族が困るしね」と力なく笑う。「すべてをあなたに賭ける」とエジプト留学に送り出されて戻ってきたラーエドに、今度は長男として一家の面倒をみるという大きな責任がのしかかっている。

しばらくしてラーエドの母親ジャミーラと中学生の妹（三女）ジナーン、末っ子（四女）リタール（トゥトゥ）が帰宅。ジャミーラは四一歳。一五歳のときにラーエドを産んだという。最初はお姉さんかと思った。このお母さんが子育てをしながら美容室を経営し、その蓄えを元手にラーエドをエジプトに送り出した張本人。ただし、ラーエドの進学にあたりお金をつくるために美容室は売ってしまったそうだ。

家の外に出てみると、たくさんの椅子や天幕が置かれている。もともとの家業は結婚式などで使われる舞台や天幕の設営業。しかし、披露宴なども伝統的な天幕ではなくホテルなどで催すひとが多くなったために、父親のハリールは旧市街の城壁で警備管理の仕事をしている。その父親が夕方仕事から帰宅して、チキンとモロヘイヤとごはんをいただいた。

ごはんのあとラーエドがドライブに誘ってくれる。大喜びで支度をするジナーンとトゥトゥ。この日、ラマッラー郊外のシンジルで五歳の女の子イナースが入植者に意図的に轢き殺されるという事件が起きたばかり。行き先は西エルサレムの丘の上。車に乗り込んだ妹たちに「大騒ぎをするんじゃないぞ。きちんとシートベルトを締めて、大人しくして、目立たないようにするんだ」とラーエドは言い聞かせる。エルサレム市民はイスラエル領内もどこにでも自在に行くことができるが、いつ「敵」とみなされて襲撃されるか、警察に言いがかりをつけられるかわからないなど、状況によってはちょっとした外出にも神経をとがらせなければならない現実を知る。トゥトゥは兄の言うことをわかっているような、いないようなあいまいな表情で神妙に言いつけを守っている。まだ四歳のトゥトゥはこの日殺されたイナースと同じ年ごろ。こんなにも無邪気に笑っている子が突然その笑顔を奪われるかもしれないこと、今日のイナースは明日のトゥトゥかもしれないのだと思うと胸がしめつけられる。
エルサレムの夜景を堪能して、東エルサレムに戻り、シートベルトを外すと緊張感が緩む。帰宅すると、すぐ近くのシルワンがニュースになっている。またアラブ系住民を追い出し、無理やり奪った場所に、武装した警官にエスコートされた入植者が移り住んできたと。

連日連夜、隣のシルワン地区から頻繁にサウンドボムの音や発砲音が響いてくるなか、父親のハリールをのぞいたみんなでカランディヤの新しい家へ移動する。ジャミーラの兄弟がお金を立て替えてくれ、ジャミーラとラーエドがローンを背負った3ＬＤＫの新築マンション。ジャミーラは「こっちの方が物価が安いうえエルサレムは危険だし、できればこっちで静かに暮らしたい」と話す。しかしハリールはそのことに反対している。現在の法律では一定期間エルサレムに居住の実態がないとみなされると、アラブ系住民はエルサレムの居住権をはく奪される。エルサレムの居住権がなくなるということは、エルサレムに立ち入る権利を失うということ。加えてマンションのローンは一千万円ほどにものぼる。イスラエルによるエルサレム居住アラブ系住民への心理的な圧迫、追い出し作戦がジワジワと効いているようにみえる。以前からこの地域に高層マンション群が開発されているのを目にしていたが、東エルサレムやＣ地区などで家屋が破壊されたり、心理的な圧迫を受けたり、もともとの居住地で暮らすことに困難を感じるひとたちが購入して移り住んでいるのかもしれない。

一〇月下旬、イスラエル軍に自宅の屋上で射殺されたモアッタズ・ヒジャーズィの家はラーエドの家の斜め隣の家だった。モアッタズはその先日、アルアクサーなどムスリムの聖地でもある「神殿の丘」を挑発的に訪問し続ける強じんな右派のイスラエル人活動家イェフダー・グリック暗殺未遂事件の「容疑者」として、イスラエル軍特殊部隊のスナイパーに射殺されていた。

ラーエドの自宅にいたる周辺の道路には警察の検問も敷かれていた。小さな路地にはモアッタズを追悼する横断幕が張られ、追悼集会が続いていた。男性たちはモアッタズの自宅の前に天幕を張った会場で、女性たちは自宅のなかでクルアーンを詠唱しながら追悼をしていた。ジャミーラはモアッタズの親族に、私のことを「ラーエドのエジプト時代からの友人で日本人のカメラマン。話を聞かせてあげてほしい」と告げると、親族の女性たちは「どうぞ」と部屋のなかに招き入れてくれた。

故人と親しかったひとたちの哀しみの場に土足で踏み込むような、その心を踏みにじるような気持ちになり、こういうときはいつも極度に緊張をする。厳しい言葉や表情で追い返されても当然なのに、モアッタズの御遺族は優しく椅子に座るようにと促してくれる。しばらくして定められた節のクルアーンの詠唱が終わり、モアッタズの母親と妹のシャイマアからお話をうかがった。英語もしゃべれるシャイマアがその日のことを話してくれた。

「あの日モアッタズは屋上の給水タンクの調子が悪いからと修理のためにスパナを持って屋上にあがった。地区一帯に特殊部隊のスナイパーが配置されているなんて家族の誰も知らなかった。山の上には何百人もの兵士がいて、兄は四方八方から射撃され、蜂の巣状態で息絶えていった。二一発の銃弾を浴びせられていた。スペシャルフォースは救急車の通行すら阻んだ。顔は原型をとどめておらず、脳みそは飛び出していた。兄が手にしていたスパナもかたわらに落ちていた。兄の姿をみて私は悲鳴をあげて倒れた。眠るといつもその光景が悪夢としてよみがえる。毎日ずっと。兄はたしかに『ユダヤ人を刺した』としてそれまで一二年間刑務所に入れられていた。イスラーム聖戦機構の一員として活動をしていたこともある。刑期を終えてからも頻繁に警察やシャバクのオフィスへの出頭命令が来た。彼はずっと追跡されていた。だから当局は真実を知っているはず。グリック氏暗殺未遂が起きたとされる日時、モアッタズは私たちと一緒にこの家にいた。彼が無実だろうがどうだろうがイスラエルにはどうでもいいことだった。ただ口実をつくって邪魔なパレスチナ人を始末したいだけ。そして、頻繁に『殺された容疑者』の自宅はブルドーザーで破壊される。私たちもそうやって住む家を失うのだろうか。今後のことがとても不安」とシャイマアは話した。

もう「涙も枯れた」と青い顔でつぶやくシャイマアの姿に胸が痛んだ。裁判もなく「容疑者」という段階で射殺されるパレスチナ人の現実。パレスチナ人の一般市民を襲うイスラエル人に対して、同様に「テロリスト」として裁判もなく射殺することなんてあり得ない。そしてその家族が暮らす家を集団的懲罰として破壊することもイスラエル人に対してはあり得ない。しかしパレスチナ人に対しては頻繁にこのような措置がとられている。

暗殺未遂事件の「容疑者」とされたモアッタズは裁判もなく射殺されたが、一方、二〇一四年七月にパレスチナ人の少年にガソリンを飲ませ生きたまま火をつけて殺したイスラエル人の「犯人」は懲役二一年の判決を受けたにすぎなかった。

そして二〇一五年一〇月、私が訪ねたモアッタズの遺族が暮らす家の一部に、窓からコンクリートが流し込まれ、モアッタズが使っていた部屋などが当局により懲罰的に封鎖された。

ヨルダン溪谷

ヨルダン溪谷は、エルサレムの東側郊外から南北へとヨルダン川に沿って延びる一帯で西岸地区の面積の二八％を占める。地下水脈が豊富にあることから一帯の八七％がC地区に指定され、そのうち一五％が入植地、五六％が軍事閉鎖区域でイスラエルが完全な主権を握る。C地区の七〇％に建築制限があり、そのうち二九％は非常に厳しい制限を受ける。住民たちは家屋などの建築許可がおりないため「違法」だとわかっていて建設するか、この地を離れるしか選択肢がない。遊牧民は代々この地で遊牧を営んでおり、伝統的にこれらの土地の使用権を有していたが、所有権は有していないことが多かった。入植地の建設と軍事基地、軍事演習場の設置にともない、遊牧民の拠点である家屋や家畜小屋の破壊（二〇一一年には二〇〇戸の住居を含む五六〇戸、四六の雨水貯水タンクが一年間に破壊された）と追放（同年、子ども五六五人を含む一〇〇六人が家を失った）、農民の農地の接収などが進められている。この地域の一八の学校を含む三〇〇〇戸に破壊命令が出ている。このC地区では約一五万人のパレスチナ人が暮らしており、そのうち遊牧民は約二七五〇〇人とされる。これらの地域に水道施設はほとんどなく、タンクローリーによって運ばれてくる水を買うしかない。一日ひとりあたりに可能な水使用量は二〇リットル、WHOが定める最低水消費量の五分の一しかない。西岸地区のほかの地域での使用量は五〇〜七〇リットル、イスラエル人の平均使用量は三五〇リットルである。入植地や農場では大がかりな設備で地下の奥深くから水を吸い上げ、一帯の溪谷の水脈が枯れつつあるという報告もされている。

溪谷を縦断するイスラエルのバスはエルサレムからマアレアドミム入植地を抜けてジェリコ南部を通り九〇号線を北上する。この道路は付近の入植地に暮らす入植者やその住民を訪ねるイスラエル人が黄色いイスラエル車両をあらわすナンバープレートをつけた車で走り抜ける。

入植者が主に利用する路線なので優遇政策の一環としてバスの運賃が安く抑えられているという。ファサイルジャンクションまで一二・五シェケル（三六〇円ほど）。ファサイルジャンクションで「親せき宅を訪ねる」という入植者の男性と一緒に降りる。「いつもだったらアラブ人が怖いからこんな場所にひとりで降りるなんてことは極力避けるようにしている。今日は君たちが一緒だったから」と話した。「完全武装の軍に守られながら、パレスチナ人の領土に勝手に入り込んで入植しておいて『アラブ人が怖い』はないだろう」という言葉が喉元まで出かかる。

彼は私たちも付近の入植地に向かうと思い込んでいて、ヒッチハイクを勧められる。黄色いナンバーをつけたイスラエル人の車両は頻繁に通りがかる。しかし私たちが向かおうとしているのは、ファサイルジャンクションの近くにあるはずのアラブ人の村。美恵子さんが思い切ってそのことを切り出すと、彼はあからさまにいやな顔をして、とたんに私たちに冷淡になった。やがて、彼は自分の目的地へと向かう車をみつけて乗り込んだ。別れの言葉はもちろんなかった。

迎えに来てくれるはずの「ヨルダン渓谷連帯委員会 Jordan Valley Solidarity（JVS）」コーディネーターのラシードとは昨夜から連絡がつかないまま。多忙な人だとわかっているのでしかたがない。JVSはヨルダン渓谷全体で、それぞれの地域の地元の人びとが主体的に集い、問題に対処し、連帯して一緒に占領に抵抗していくための拠点づくり、コミュニティ維持のための学校や保健所づくり、農地の整備やレモンやオリーブの苗木の配布をおこなうなど活動は多岐にわたっている。大半がC地区にあたるヨルダン渓谷で、イスラエル当局の思いのままに破壊されたり、追放されたりしている人びとの権利の主張、生活再建を目指した活動を続けている。そのために日々コーディネーターのラシードは走りまわっている。

どうやら私たちはバスを降りる場所を間違えてしまったようだった。

通常、この付近のパレスチナ人の村々を訪ねるためにはジェリコやラマッラーやナーブルスからセルビスに乗るようだ。九〇号線を走るセルビスは皆無に等しかった。おそらく私たちの目的地と思われる、次のアダムジャンクションまでギラギラと照りつける太陽のもと途方にくれながら歩く。四キロほど歩いただろうか。気持ちがすっかり萎えかけていたころ、遠くに黄色いセルビスが目に入る。

運転手は停まってくれ、私たちが訪ねるべき場所の唯一の手がかり「ヨルダン溪谷のインターナショナルハウス」が近くにないかと訊ねると「それらしいものがジフトリクにある」と乗客が言う。ジフトリクまでは想像以上の道のりだった。あのまま歩いていたら完全に日が暮れていただろう。

突然訪ねてきた外国人を迎えてくれたのはアブーユーニスとインムユーニス夫妻と次女ニスマ。一家はもともとヘブロン郊外のヤッタ出身の遊牧民で、五〇〇頭もの家畜を飼育していたが、彼らの家屋もイスラエル当局に破壊されたため、親戚のツテを頼ってここに辿り着いたという。この「インターナショナルハウス」の所有者から住み込みで管理を任されている。

私たちはJVSの活動地へ案内してもらうというラシードとの約束のことを話し、彼と連絡がつかないのでここにやって来たことを話した。するとアブーユーニスは「彼はここには顔を出さないよ。彼は別の場所で活動している」という。「連絡がつくまでここでゆっくり過ごして。万が一連絡がつかなければ、今日はここに泊まればいい」と言ってもらえる。

お茶をいただき、かまどでインムユーニスがパンを焼く様子を見せてもらい、水辺で家畜を追う遊牧民たちの仕事をみせてもらう。水が豊富にあるので、家畜の食料となる草もふんだんに生い茂る。家畜を追う遊牧民たちに誘われてお茶をいただく。目の前の道路を頻繁にイスラエル軍のジープが走る。道端で立ち話をしていると「道路にいると入植者がわざと狙って轢き殺したりすることもあるから危ない」と敷地に入るようにと促される。

夜になり、ようやく会えたラシードは英語の堪能な冗談好きな明るいひとだった。ファサイルジャンクションの一本北 Tomer 入植地への分かれ道を東に入りファサイルへと向かう。ファサイルはタハタ（下）、ワサト（中）、フォウク（上）と三つの地区に分かれており、そこで彼は地元の人びとと一緒に地域の活動拠点となるコミュニティセンターをつくっている。活動拠点は一軒の住居で、何十年も前に住民がこの地を離れて使われていなかった住居を修復してセンターにするという。修復に使われるのは地元の人びとの手作り日干し泥煉瓦。同様にこの煉瓦を使って地域に学校をつくったり、破壊された家畜小屋や農作業小屋を建てなおしたりもしている。

改修中のセンターに一泊して、翌朝、煉瓦積みを手伝うことになった。夕食はセンターの台所で地元の女性フォウジーヤが用意してくれる。彼女は五人の娘、ひとり息子のお母さん。センターでは掃除や炊事などを取り仕切る役目を担う。

電気は近隣の家々に敷かれた電線から配電されているが、水はすべて雨水を貯めたものを使う。地下には水脈があるものの、地域のパレスチナ人には井戸を掘る自由もないため、水はつねに不足している。あらかじめそれを聞いていたので、持ち込んだ荷物の大半はエルサレムで用意してきた大量のペットボトルの水。炊事、飲用、洗顔、歯磨き、手洗いのすべてをそれでまかなった。

夕食後、地元住民のターレク、アブージャミールたちも交えてお茶を飲みながら話していると、イスラエル軍のジープがあらわれる。村のメインロードで村人の尋問をはじめる。センターにも頻繁にやってくるという。兵士が踏みこんでくる心構えをする。フォウジーヤは兵士をみつめながら「最初はものすごく怖かったけれど、怖がる必要なんてなにもないとわかった。だって私たちは悪いことなんてなにもしていない。『逮捕』されるのも、彼らに襲われて天に召されるのもすべては神の御意志」と話す。結局、兵士はセンターにはやって来なかった。周囲をあらためて見渡してみると四方八方入植地だらけ。すぐ近くには大きな入植地マアレエフライムもあり、煌々と明かりが灯っているのがみえる。この夜は、幸いにも誰も拘束されることなく兵士は去って行った。

与えられたマットと毛布は砂でジャリジャリしていた。寝ようとしても口に入り込んでくる砂が気になる。ぜいたくは言えないと覚悟を決めて目をつむるが寒さでなかなか眠りにつけない。どうすることもできずに毛布にくるまって寝転がっているとだんだん夜が明けてきた。どうせ眠れないならとカメラをつかんで朝焼けに染まる村を撮る。鶏やロバの鳴き声が聞こえてくる。人びとが起き出して動きはじめる生活の音が聞こえはじめる。

朝食後、壊れた壁を直す作業をはじめる。ラシードと村人のターレク、私たちで分担して、手焼きの藁の混じった泥煉瓦を積み上げていく。昨夜の寒さが嘘のようなカンカン照り。照りつける太陽に体力を奪われていく。バケツリレーで土砂の入ったバケツを二階の補修箇所に運び上げる。土砂とセメントを混ぜて、積み上げた泥煉瓦のあいだを塗り固めていく。ほとんど寝ていないのでぶっ倒れそうなハードな作業だが、ラシードもターレクも地域のためにと懸命に頑張っている姿をみると弱音は吐けない。ラシードの電話は昼夜を問わずつねに鳴り、眠る暇もない。寝不足で疲れ切った顔なのに、作業に汗を流すその顔は、不思議と誰よりも「生きている」ひとの顔。パレスチナを変えていく、未来をつくっていくのはこういうひと。「存在することが抵抗すること」というスローガンを掲げたJVSと地域の人びとのこの闘いに希望を抱く。

ジェニン　それでも、木を植える

ハムザの死と深い絶望と

ジェニン難民キャンプのアワード家では、前年は生まれたばかりの赤ちゃんだった長男カマールの息子イマードが、もう周囲のものにつかまりながら歩いている。その向こう、居間の隣の部屋に貼れた「弟」たちの幼なじみハムザの「殉教者追悼ポスター」がふと目に入った。そのポスターが意味することはたったひとつ。

二〇一四年三月、いつものようにイスラエル軍の兵士がキャンプに侵入してきた。「ハマースの活動家の捜索」との名目での侵入が多い。ハムザは「ハマースの戦闘員」として銃を持って立ち向かうことを選んだ。それが遅かれ早かれ死を意味することになるのは彼自身、覚悟のうえだったはず。六時間の断続的な「戦闘」の末、ハムザは射殺された。ハムザの遺体の写真をジュジュがみせてくれた。蜂の巣状態で弾丸を受けた彼の顔は原型をとどめておらず、赤い血の海のなかにズタズタの遺体が横たわっていた。

　ハムザはどこにでもいるような、冗談ばかりを言う明るい青年だった。トマト農場で働き疲れて「もうトマトを見たくもない」と言う私に、あらかじめポケットに仕込んだトマトをわざと取り出してみせるような、そんなヤツだった。彼が特別「過激」であったとは思わない。前年のマジドに続き、また知っている子がひとり逝ってしまった。私は死を覚悟して向かっていったハムザの心のうちを思った。難民キャンプで生まれ育っていなければきっと別の人生があったのだろうと思うと、涙が止まらなくなった。

　涙を流す私に弟たちは「ミカ、泣くなよ。喜んでやれよ」とポツリと言った。「この難民キャンプで生きてきて安らかなときなんてひとときもなかった。ハムザはいま天国でようやく安らかなときを過ごしているんだから喜んでやれ」「すべては神の思し召しだ。順番が来たら俺たちもいく」と、悲しそうに微笑む弟たちが目の前にいた。

　難民キャンプの若者たちが抱える、その「未来のなさ」「希望のなさ」をあらためて突きつけられた。何年にもわたり、どれだけ「家族」としてひとつ屋根の下で過ごしてきても、自分には彼らの心の奥底の絶望がなにもわかっていないと感じた。その弟たちの絶望の深さに、ますます涙が止まらなくなった。

　耕す土地もなく、貧困がのしかかり、父親は「占領」によってあのような姿に変えられ、若くして亡くなり、兄弟のように育ってきた幼なじみはつぎつぎと殺されていく。抵抗することを選び、銃を手に取った者だけではない。運悪く「その場」に居合わせてしまっただけの、多くの罪もない者たちも容赦なく殺されていく。彼らは二〇年ほどの人生のなかでどれだけ多くの死と向き合わされてきたのだろう。どれだけ大切なひとを失ってきたのだろう。
私は大切な弟たちの抱える絶望に対して、なにができるのだろう。心に澱のようなものを抱えてナーブルスへと向かった。

ナーブルスでアブーアラアのコーヒー屋台を訪ねてコーヒーをいつものようにご馳走になり、街の散策と撮影をはじめる。イスラーム教のイード（犠牲祭）が目前に迫り、街は買い物客でごった返していた。ハムザの死も弟たちの哀しい微笑みも頭から離れなかったが、写真を撮っていると少しだけ気がまぎれた。

イードに際して「孤児」に配られた牛肉とターキーをエリヤがもらってきた。それをカマールが切り分け、スパイスを振り、串に刺して、炭火をおこし、網の上で焼きはじめた。カマールを訪ねて来た近所の幼なじみモアッタズが服を脱いでランニング姿になり炭火をおこし、焼き係を務めてくれる。モアッタズにカマールとマハができ上がった串焼きをいくら勧めても、一本も受け取ろうとはしない。汗だくで灰まみれになりながら玄関先でただ肉を焼き続けるモアッタズ。弟たちの幼なじみにはこういう気のいいヤツが多い。ハムザもマジドもそうだった。弟たちもほかの家で、こうやって全力で誰かのために尽くしているのだろう。
夜、難民キャンプに連続した銃声が響き渡る。侵入してきたイスラエル軍と難民キャンプの武装組織の「交戦」なのか、夜になるとこのような音は頻繁に聞こえてくる。非常に近い音だと感じるときもあれば、少し離れた場所から聞こえてくることもある。近くで音がするときは、流れ弾でも飛んで来やしないかと、ドアや窓のそばにいることを避けてしまう。

銃声を聞きながらマハは「イスラエル軍は言うまでもなく、パレスチナの組織の多くが民衆のことなど考えず、みずからの組織の保身や金もうけのためだけに末端の若者たちの命を使い捨て『消費』し続けるクソだ」と非難する。それを聞いていたカマールは、「イスラエルの占領に本気で抵抗するハマースのような組織だけが希望。このままなんの意味もなく占領されて人生を終えていくより闘って終える人生を選びたい」と言う。

以前、カマールがまだ一〇代の終わりころ、思いつめた顔でマハに向かって「母さん、俺が死んでもいつまでも俺のことを覚えていてくれる？　なにがあっても愛していていてくれる？」と訊ねてきたことがあったそうだ。「そのころ頻繁にある組織の人間からあの子に対して呼び出しがかかるようになっていた。すぐにピンときた。あの子は自分の命を投げ出そうとしているって。問いただしたけれど、カマールはなにも答えなかった。ただ悲しそうな顔で笑っていた。あの子は兄弟のなかでもいちばん繊細で敏感で優しい子だから、父親をあのような姿に変えられ、友だちをつぎつぎと殺されて、気持ちの糸が切れそうになっていた。結局、私は弟に相談して、私の思い過ごしかもしれないし、どれだけカマールに憎まれ、恨まれることになっても構わないと決意して、その命を守ることを最優先に考えた行動を起こした。ほかにあの子の命を守る方法を思いつかなかった」とマハが話した。

カマールの命は失われることなく、ときは流れ、カマールには息子のイマードが誕生した。もしあのときのマハの判断がなければ、誕生しなかったかもしれない命をこの手に抱きながら、絶望と希望のあいだを行ったり来たりする振り子のような人生のなかでもがき苦しむ弟たちの心のうちを考え続ける。

マハの心細さ

マハは農場の仕事に行きたいが、雨続きで仕事が流れ続ける。この季節はトマトといんげん豆収穫が中心。仕事もないのでマハには手持ちのお金がない。親戚からもらった瓶入りの塩漬けチーズを油で揚げてパンにはさんで食べる。連日ほぼ毎食このメニューが続く。

前年同様オリーブの実を拾う仕事に誘われているが「今年は行かない」という。その前年、マハの夫イマードが四六歳で亡くなった。夫を喪った彼女は、外から押しつけられる「恥」の概念から「喪に服し、外にはいっさい出ず、家の中であっても親族以外の男性と顔を合わせることを禁じる」ことを強要された。「どれだけ喪に服したってイマードが帰ってくるわけじゃない。こんな生活を続けて誰が食べさせてくれるの？」とマハはため息をついた。周囲には「実家の母親を見舞う」と嘘をつき、実家近くのマハの事情をよく知る農場主の厚意で、収穫が終わったあとの、地表に落ちた干乾びたオリーブの実を拾わせてもらう仕事に勤しんだ。その干乾びた実から採れるほんのわずかな油を換金して生活費に充てた。炎天下、一日中下を向いて、地面に這いつくばって、地表の棘に刺されながらの作業は通常の収穫作業以上にきついものだった。収穫の喜びや達成感は皆無だった。ふたりで一日中拾い続けてもわずか二三シェケル（約六九〇円）にしかならない日もあった。しかしこれが耕す土地も実をつける木も失った難民ということなのだと、この作業を手伝いながら実感させられた。

難民キャンプに木を植える

テレビで入植者が警察の黙認のもとエルサレムのアルアクサーに乱入する様子を映し出している。この抗議として「第三次インティファーダ」の声も聞こえはじめる。ジュジュがこのニュースを観ながら「このまま奪われ続けて生きていくくらいなら闘って死んだ方がマシ。もう耐えられない。そう思っていながら、ラナ（婚約者）と家庭を築こうとする自分。ラナがいなかったら耐えられなかっただろうな」と話す。こういう葛藤を繰り返しながら、我慢に我慢を重ねて生き抜くひとと、闘って死んでいくひとが紙一重の選択で別々の道を選んでいく。闘って死ぬことを選んだハムザの顔を思い出す。彼もこういう葛藤のなかで苦しんでいたはずだ。この兄弟が生きることに希望を抱けず、苦しみのなかでもがき続けることをなにひとつ変えられないまま、闘って死ぬことを選んだとしたら、私は見て見ぬふりをし続けた自分を許せるだろうか？　ハムザの死と直面して以来、ずっと自問自答を繰り返している。

このパレスチナで生きるうえで、希望とはなにかということを考え続けた。厳しい現実のなかでもビリンの家族が希望を失わずにいられることと、ジェニンの家族が絶望とわずかな希望のあいだで揺れ動いていることのもっとも大きな違いは、その土地に根ざして生きていられるか否か、みずからの権利を実感として感じられるか否かということではないかと感じた。土地や木は、それらの象徴のように思えた。

「裏庭の瓦礫とゴミの山を片づけてオリーブの木を植えよう！」と宣言する私に、兄弟はあきれ返りながら冷ややかな目で私をみつめた。「こんなゴミの山、片づけられるわけがない」「無茶言うなよ」と。

しかたなく夕暮れまでひとりでゴミを集めて燃やし、瓦礫を片づけた。ゴミの山のなかでガラスの破片を踏んでは足を切り、大きなネズミが走りまわるたびに悲鳴をあげた。それを見てカマールとジュジュが少しずつ手伝ってくれるようになった。そんな数日間が続いた。

ある日、気乗りしないカマールを無理やり車に乗せて苗木屋に行き「さあ、オリーブの木を買うよ」と言うと、カマールがひとつ大きなため息をついたあと、「ミカにはかなわない」と笑って「じゃあ、レモンの木もほしいな」と返してきた。心のなかで喝采をあげた。

その日から裏庭の片づけが本格的にはじまった。カマールの号令のもと四兄弟と近所の幼なじみが毎日駆けつけてくれた。「何年かかってもお金は返すから木のそばに鳩小屋をつくりたい」と兄弟が言い出した。「ほかには?」とたずねると「じゃあウサギも鶏も飼おうよ。卵や肉になるし、増えたら売れるし」と。ここで初めて日本から預かってきたお金があることを兄弟に話した。日本の多くのひとたちが見知らぬパレスチナのひとたちの希望に繋がるなにかのためにお金を託してくれているということを。だからそのお金をここで使わせてもらおうと提案すると、兄弟の瞳に涙が浮かんだ。

連日、兄弟や幼なじみがたくさん集まって汗を流してくれた。泥だらけになりながら、真剣に作業をする彼らの姿も、休憩中に冗談を飛ばし合って笑う顔もどちらも胸にしみた。ハムザやマジドが生きていれば、間違いなく彼らも駆けつけてくれていただろう。マジドの弟ヌールは毎日来てくれた。兄弟たちの未来に少しでも多くの幸がありますように。頑張れば報われることもあるということを、少しだけでも実感できますように。木の世話をしながら、実を収穫できる日のことを考えながら、家畜がもたらしてくれる恵みに触れながら、ひとときでも、わずかでも、先のことに目を向けられますように。たとえ根本的な解決にはならなくても、彼らの人生の助けになることはできなくても、目の前の絶望にとらわれる時間よりも先のことをみつめようとする時間が増えますように。そんな願いをこめて、まずは瓦礫とゴミを取り除いた土地を整地して、セメントと水と砂と砕石をまぜてコンクリートの土台をつくりあげた。

この土台にブロックを積み上げて家畜小屋を造り、それ以外の場所に木々を植えていく。肉や野菜など大量の食材を買い込んできて、毎日マハにごちそうを作ってもらい、作業を手伝ってくれるみんなにふるまう。食事やコーヒーのふるまい作り、泥だらけの服の洗濯とマハも大忙し。「こんなふうに一家全員でなにかをするなんていつ以来だろう」とマハが忙しそうに微笑む。洗濯物を干すためにあがった屋上から兄弟と幼なじみに手を振ると、満面の笑顔が返ってきた。こんなに笑っている四兄弟の顔を久しぶりに見た気がした。

スウィーツ屋台のおじさん

夫のイマードが亡くなってから「孤児」となったエリヤの口座に篤志家たちから慈善団体を通じて援助のお金が振り込まれたことを知らされ、マハと一緒にジェニンの町にある銀行に向かった。連日降る雨で道路は完全に冠水しており、ひざ下まで浸かりながら水の中を歩く。マハは引き出したお金で、「久しぶりにエリヤに新しい服を買える」と喜び、服やブーツをエリヤのために買った。私はエリヤへのプレゼントに雨傘を買った。

パンやお菓子や野菜や肉をつぎつぎと買い求めた。久しぶりにまとまったお金をマハは手にできたようだった。日々必要なものは山ほどあれども、そのつど食べるぶんだけの食料を買うだけで精いっぱいの暮らしが続いていた。マハには余分なものを多めに買うこともままならない。市場で多くの品物のなかからあれこれ選ぶマハは楽しそうに見えた。

市場のなかで、ふと五年前に写真を撮らせてもらったハラウィヤート（クッキーなどのスウィーツ）屋台を出しているおじさんを見かけた。五年前のことを話すとおじさんは徐々に思い出してくれた。あの日、おじさんに出会ったあとの出来事が苛酷すぎて、この日、おじさんの姿をみかけるまで、すっかりその記憶が仕舞い込まれていた。おじさんは五年前と同じように、「ほら食べな」と売り物の菓子をひとつつまんでさし出してくれた。

マハは気を遣い「一キロ分包んでください」とおじさんからお菓子を買った。おじさんはマハに対して「この子の友だちならお代はいいよ」と答えた。マハは「そういうわけにはいかない」とお代をおじさんに握らせた。おじさんは少し困ったような顔でそれを受け取り、一キロをはるかに越えた菓子を包んでくれた。この気の遣い合いこそがパレスチナだとしみじみ思う。何度こういう場面を目にしてきただろう。相手によっては建前にすぎないけれど、相手によっては本音で、無償の善意を与え合う。それがパレスチナの人びとに備わった気遣い。おじさんにお礼を言い、難民キャンプへと帰った。

サッダームの結婚式

残りの日数を示すカレンダーとにらめっこの日々が続いた。いよいよ「この木曜日にジェニンを発つ」と一家に宣言した。宣言しないと発てそうもなかった。宣言していても、いつもズルズルと出発を延ばしてしまうのに。

木曜日の朝、カマールが黒いロングコートが入った大きな包みを抱えて仕事から帰ってきた。マハからの私へのプレゼントだという。「エルサレムやラマッラーは急に寒くなっている。温かくして風邪をひかないように帰国して」とマハ。五シェケル、一〇シェケルにも事欠く生活が続く。そんな日々のなかで、こんなに高価なものを……と、私は一家の深い愛情に絶句する。どんなに断っても「もう払っちゃったから」と、受け取るように説得される。着てみるようにと促される。パレスチナの女性たちがよく着ているロングコート。大きすぎず小さすぎず、カマールは自分のサイズ見立てが間違っていなかったと満足そうに笑う。みんなに「よく似合う」とほめられる。

この夜、四兄弟の幼なじみで近所に住むサッダームの結婚式（ヨウムルヘンナ、初日のヘンナを施す式）にみんなで参加した。女性だけの会場にはほとんど知った人もおらず、みんなの突き刺すような視線が痛い。

男性は通りの一角に設えられた天幕とステージで過ごす。新郎を囲んでダブカを踊っている。男性の会場には、四兄弟の幼なじみをはじめ見知った顔がいくつもある。しかし、男女が明確に分けられたこのような会場で、ビリンのようなほとんどが知り合いである場ならともかく、四兄弟とその幼なじみ以外は知らないひとばかりのこの難民キャンプの一角で、自分のふるまいがマハや四兄弟に迷惑をかけてもいけないので、その会場のすぐ近くに住むマハの友だちサミーラの家に遊びに行き、窓からみんなでダブカを眺める。

やがて新郎にヘンナを施す場面になった。マハに「下に降りて撮っておいでよ」と背中を押される。新郎の母親であるインムサッダームがカメラを構えた私を輪の中に招き入れてくれ、お祝いを述べて儀式を撮らせてもらう。歓声もお祝いの踊りもクライマックスに。額に汗を浮かべながらムハンマド、ジュジュ、サリームが友だちと輪になってダブカを踊っている。目の前の家の屋上から祝砲がたて続けに何発も鳴らされる。この祝砲の流れ弾で怪我をしたり、亡くなったりというニュースもときおり耳にする。間近で発砲された銃声に戦々恐々としながらサミーラの家に戻った。

「弟」たちが容疑者に

金曜日の朝、出発の支度をする私の耳にとんでもないニュースが飛び込んできた。前夜、祝砲を撃ち、銃を隠し持っているのがカマールとジュジュではないかという疑いがかけられていた。つまり、武装組織とのつながりを疑われていた。

この時点では、イスラエル当局ではなく、あくまでもPA（自治政府）警察による捜査で、その前段階として地区の治安担当者がカマールとジュジュの非公式の事情聴取にやってくるという。当然、両者はつながっている。マハは「息子たちはやっていない」ことを訴えるため、ありとあらゆるコネを探そうと躍起になって電話をかけまくっている。カマールとジュジュは「俺たちのことはいいから、手遅れになる前に一刻も早く発った方がいい」と真剣な表情で私に言う。しかし息子たちの身を案じてパニックになりかけているマハを置いて、ひとり逃げるわけにもいかない。なにより、私はカマールが「やっていない」ことは証明できないが、ジュジュが「やっていない」ことは証明できるのだ。その時間ジュジュがダブカの踊りの輪の中にいた写真を撮っているのだから。

私は覚悟を決めて、ジュジュとカマールを事情聴取する担当者に「警察に行って証言する」。その時間にジュジュが踊っていただけだという証拠写真を提出する」と告げた。マハが安堵するのが伝わってきた。担当者は「君の証言が必要か否かこちらで検討する。連絡を待て」と言う。結局、ジュジュとカマールはPA警察へと出頭することになった。私はいつ呼び出されてもいいようにと証拠写真の入ったカメラを抱えて家で待ち続けた。しかし、結局呼び出しはなかった。カマールとジュジュも拘束はされずに家に帰ってきた。

いっこうにビリンに戻ってこない私を心配してハイサムから電話がかかってきたので、ことの顚末をハイサムに話した。「ミカは本物のバカなのか？　もう二度とパレスチナに戻ってこられないかもしれないことをわかってやろうとしているのか？　ずっとパレスチナを撮り続けるっていうおまえの夢を自分で潰そうとしているのがわかっているのか？」とギャンギャン説教された。

言われなくてもわかっている。私自身、正直に言えば「しまった」という思いが拭いきれない。なにごとにもかかわらず、ここから逃げ出したい思いなのだ。それでも必死に自分を奮い立たせて留まるのは、家族同然に過ごしてきた兄弟を守れるものなら守りたいという思いだった。この証拠写真がジュジュの潔白を証明できるかもしれないという一縷の望み。自分の身のかわいさに逃げ出して兄弟の身になにかあれば一生後悔する。

弟たちの芝居

ジュジュとカマールはまた呼び出されていったが、マハは農場の仕事に向かった。不安なまま時間だけが過ぎる。夕方、「ようやく疑いが晴れた。もう大丈夫」とカマールとジュジュが笑みを浮かべて帰ってきた。「ありがとう。安心して出発して」と背中を押された。その言葉を聞いて安心した私は、翌朝、マハとカマールとエリヤにバス乗り場まで見送られ、三人と固く抱き合ってお別れをした。

あとで思い返せば、それは私を巻き込まないようにと懸命に企てられたカマールとジュジュの芝居だったに違いない。「息子を守りたい」というマハの懇願によって私がジェニンを離れないことをふたりは気づいていた。だからこそ、ふたりは私にだけではなく、母親にまで芝居を打った。ラマッラーへ向かうまでのあいだ、カバンの奥底に入れていて気づかなかった携帯電話の着信は一〇件にのぼっていた。すべてマハからの電話だった。あわてて折り返しの電話をかけると「カマールとジュジュが拘束された」と告げられた。

自分の浅はかさを呪った。帰国日が迫ってもいた。一瞬、ジェニンに戻ろうかと考えたが、そこまでして私を「守ろう」としてくれたカマールとジュジュの心のうちを思った。「真実なんて奴らにはどうでもいいことなんだ。俺たちを捕まえる『必要』があれば、どんな罪をでっち上げてでも捕まえる。だから、わざわざミカがその身を危険にさらすことはない」と私を説得するために語り続けたその思いを。

とてつもなく哀しくなった。「真実」なんてなんの意味もないのだろうか？　彼らの助けになりたいなんて、無力な私はなんと思いあがっていたのだろうか。逆にカマールとジュジュに不必要な気を遣わせてしまった。もはや、遠くからその身の無事を祈ることしかできない。

ラマッラーまでの道中、ナーブルス近郊の道路のすべてで検問が敷かれていた。数日前にこのあたりで入植者による村人への襲撃事件が起きたばかりだった。しかし検問を敷かれて苦しめられるのは、つねに一方的にパレスチナ人の方だ。検問を越えるためにいつも以上に時間がかかる。縦横無尽にイスラエル軍のジープがあちこちを走り回る。その「挑発行為」に対して投石などで応じれば、すぐに実弾までもが発砲されてひとが殺される。検問のためにピクリとも動かない車列でジリジリと時間が過ぎゆくあいだ、「我慢に我慢を重ねる人生、忍耐だけの人生」という友の言葉がよみがえる。カマールとジュジュ、死んでいったマジドやハムザのことを考える。思わず涙がこぼれそうになるのを防ぐために、あわててギュッと目を閉じる。

ときどき、パレスチナにいると、なにも見たくない、なにも聞きたくないという気持ちにさせられる。ちっぽけな自分にはもう限界だと、耐えきれなくなりそうなときがある。パレスチナに出会い、パレスチナの人びととかかわりをもてたからこその豊かな人生。その裏側にある苦しみや悲しみ。知らなければ、こんなにまで悲しみで泣き、悔し泣きすることもなかったのにという思い。すべては表裏一体。

ビリン　オリーブ摘みの日々

一時期はラマッラーの病院へ入院し、退院後も週に二度の人工透析が必要だと聞かされていたママに一年ぶりに再会すると、思っていたよりは調子がよさそうで、むしろ前年よりも目に見えて体調が悪化していたのはパパの方だった。片目の視力を完全に失ってしまい、もう片方の目もあまり見えていないようだった。元気だったころのパパとママの姿を思い出すと胸が痛む。

妹たちとの和解

イードルアドハー（犠牲祭）のはじまり。イードのあいだは家族や親せき、親しい友人同士がお互いを訪ね合うのが礼儀。迎える側はイードのために特別に焼かれた何種類かのクッキー、ナッツ、チョコレート、コーヒーを絶やさないようにして客を迎え続ける。

イーディーヤ（お年玉のようなもの）をすっかりその数が増えた「甥」や「姪」に用意して、五男五女の兄弟姉妹のうち、少し離れた村で暮らす長女イクティハールを除いた全員にイードの挨拶をすませることができた。ひっきりなしにやってくる兄弟姉妹とその連れ合い、子どもたちと賑やかな夜がふけていく。

同じ家で過ごしていたあいだ、妹たちとは数えきれないほど喧嘩をした。私のカバンは荒らされ、モノは盗まれ、まるでこちらを試しているかのように愛情深さと掌を返したような嫌がらせを繰り返された。内心では、それは私が「オンナのくせにオトコの世界とのあいだを自由に行き来することへの羨望や嫉妬」であることは重々承知していた。彼女たちには、私にはある「自由」はなかった。なにをするにも「周囲の目」があり、自分で決められるものごとの範囲は非常に狭かった。若い彼女たちはそのことにいらついてもいた。それをわかっていながら、その気持ちを推し量り、彼女たちの意に沿うような行動を私がとることはめったになかった。「自由な外国人オンナ」の私は彼女たちの嫉妬や妨害を受け流しながら「自由に」行動し続けた。そのことへの反発は、カタコトとはいえ言葉がわかる私にだからこそ鋭く突きつけられた。言葉がわかるからこそ、一家に「家族」として受け入れられたことと表裏一体でもあった。彼女たちは、村にやって来るほかの「外国人オンナ」の陰口をどれほど裏でたたいても、表向き本人の前ではそんなそぶりも見せなかった。私はずっとそんな彼女たちを半ば軽蔑し、彼女たちのいらだちにきちんと向き合おうとしてこなかった。

四女イクラームは二〇一二年の春に隣村のハルバサへ嫁いだ。その八月、村の分離壁反対運動を記録した映画『壊された5つのカメラ』の日本公開にあわせたプロモーションで監督のイマード・ブルナートとガイ・ダビディが来日した。連絡をもらい、ふたりに会いに出かけた。挨拶もそこそこに、イマードが私に伝えたのは「聞いたか？　アブーハミース（パパ）の娘が嫁に行くぞ」という言葉だった。てっきり私はイクラームのことを言っているのだろうと思ったが、嫁ぎ先は同じビリンのなかだという。だとしたら、イクラームではなくイルハームのことだった。

そして二〇一三年にイルハームに再会したとき、彼女は生まれたばかりの長女ナウラスを抱いていた。彼女の顔つきは見ちがえるほど穏やかになっていて、立ち振る舞いはすっかり母親のそれになっていた。「結婚もナウラスの誕生もおめでとう」と声をかけると、「ありがとう。今度うちにも遊びに来て」とにこやかに返してくれた。夫のマーリクはとても穏やかな青年で、妻の実家のみんなが、なんのためらいもなしに「見知らぬ外国人」をまるで本当の家族の一員のように扱っていることを、きっと内心では驚いていたに違いないが、そんなそぶりも見せず、すぐに「義弟」として接してくれた。イルハームの夫が優しい素敵な青年だったことが、彼女とあれだけ壮絶な喧嘩を繰り返してきたくせに、とても嬉しかった。

さっそく夫妻の家に遊びに行った。イルハームは心づくしの御馳走をつくってもてなしてくれた。「家に初めて外国人が来た」と、マーリクの兄弟姉妹、甥姪、親戚一同が集まって来た。イルハームは、てんやわんやで対応に追われ、行儀の悪い子どもたちを叱り、マーリクの兄弟姉妹に私を紹介し、すべてをそつなくさばいていった。その姿はすっかり嫁ぎ先の一員の姿で、もう「アブーラハマ家の娘」ではないんだなと感じ、自分でも驚くほど寂しくなった。マーリクが仕事に出かけ、親戚が帰っていき、お茶を飲みながら久しぶりにイルハームとゆっくり話した。「昔はホントによく喧嘩したよね。前回ミカが帰るときも喧嘩をしたまま別れちゃったことがずっと気になっていた。ミカに謝らなくちゃいけないことがたくさんある。自分でもやっちゃいけないことだとわかっていても、衝動を止められなかった。本当に私は子どもだった。いままで本当にごめんね」とイルハームがナウラスを抱きながら口にした。私はこのとき、彼女とようやく本当の「家族」になれた気がした。

肉屋にとってイードの日こそ、かきいれどき。家族で肉屋を営むマーリクは仕事で忙しく、まだイードの挨拶をすませていなかったので、深夜ムスタファの車に乗って、マーリクの家族が営む肉屋を訪ねた。マーリクはまだ仕事が残っていたようで、店先で炭火でコフタ（羊肉のミンチをボール状に串に刺して焼いたもの）を焼き、そのあいまに水タバコを吸いながらテレビを観ていた。そのかたわらにはイルハームとナウラスが座っている。「ミカ、腹が減っていないか？」とマーリクはコフタをサンドウィッチにしたものを作ってくれ、ムスタファとマーリクは店先に置いてある木製のサッカーゲームをはじめた。

この家族と出会って五年、それぞれの兄弟姉妹が結婚をして、こんなふうに一緒に深夜の時間を過ごしていることが当たり前だと感じる新たな家族が増えたことを幸せに感じた。

オリーブ摘みの日々

ハムディ、近所に住む親戚のアシュラフ（二〇〇九年に亡くなったバーセム、二〇一一年に亡くなったジャワーヒルの弟）、隣に住むアブーハーリッド叔父の三男ムハンマドとともにオリーブ摘みに向かう。この日は前年もハムディとふたりで摘んだ、長年パパがその管理と手入れを続けてきた「共有地」のオリーブの木の実を収穫する。

途中、ハムディの知人で以前一緒にイスラエルで働いていたアブーアベドの養鶏場を訪ねた。アブーアベドは出稼ぎで得た資金を元手にこの養鶏場を開いた。広大な敷地で餌をついばむ多数の鶏に圧倒された。「生き物を相手ではイードといえども休みもないよ」と、汚れた作業着を着て仕事に精を出すアブーアベド。苦労してイスラエルでの出稼ぎで得た資金を元手に、たとえ小さくても商売や事業を営むひとの姿を目にすることは嬉しい。その営みがあれば、少なくともその子どもたちは父親と同じ思いをせずとも糧が得られると思えばこそ。

一年ぶりに対面したオリーブの木は、今年もたくさんの実をつけている。「こういう作業はなかばピクニック気分で楽しむことも大切」だと、ハムディが休憩時に焚き木をつかって沸かしてくれたコーヒーを飲み、家から持ってきた果物をむいて食べたりしながらの作業。連日仕事で疲れている弟のムハンマドが家からランチを運んできてくれ、その場でトマト、キュウリ、マルトデッラ（魚肉ソーセージに似たようなハム）を切り、オリーブオイルを皿に移し、オリーブの実、家で焼かれたホブズ（パン）などを囲んで食べる。たとえ内容はシンプルでも格別の味がする。夕暮れまで作業を続け、この日は小麦粉が入っているような大きな麻袋一袋半の収穫。

搾油

金曜日のデモの日、先週「イードのために参加者が少ない」と思っていたのが、たんに年々参加者が激減しているのだと気づかされる。粘り強く参加し続けるのは村人たちだけではない。イスラエルからも自国の占領政策に異を唱えるため毎週欠かさずにデモにやってくるひとたちがいる。そんなひとりDとも再会。「今度ゆっくりどこかでお茶でもしよう」と約束する。考えてみれば彼らとはデモの現場でしか一緒に過ごしたことがない。

この日は先週とはうって変わって強烈な刺激のある催涙弾、サウンドボム、実弾までもが投入されての弾圧となる。ガスで一瞬呼吸ができなくなり、ほんの一瞬だが本気で死を意識した。すぐ参加者のひとり（意識がもうろうとしていてそれが誰だったのかも覚えていないが）にアルコール綿を鼻と口に当てられ、助け起こされ、ガスの煙幕から連れ出されてことなきを得た。そんな日であっても、デモの現場と少し離れた場所では家族総出でオリーブ摘みがおこなわれていた。

アブーラハマ家の次男ムスタファは毎年アブーバッシャールのオリーブ畑の収穫作業を請け負っている。今年は約二〇袋（小麦粉などが入れられているような麻袋）収穫の見込みで、その半分一〇袋（ジェリカという単位で呼んでいる）分がムスタファへの報酬となる。一ジェリカは約一六キロとのこと。朝から夕方までで二袋弱を摘む。砂埃まみれになり、こんな日はさすがに湯浴びをしたいと渇望するがそれは叶わず。

「近々、ある程度の量がまとまったらダッラーサ（搾油）に行く」との言葉に期待しながら、数日間ムスタファを手伝いオリーブ摘みを続ける。手伝いもせずに撮影だけさせてほしいとはとても言えないので、黙々と手伝い続けた。
ある夜、ついに「搾油に行くから車に乗れ」とムスタファが迎えに来てくれた。毎日その日の収穫分をアブーバッシャールの家に運び入れていたが、その何十袋ものオリーブを載せた大型トラックのあとについてムスタファの車で隣村ハルバサの搾油所へ。前年も同じ搾油所でその作業を撮らせてもらっていたので、オーナー父子や作業員さんたちが再訪を喜んでくれる。搾油作業や搾りたてのオイルを容器に入れてもらって嬉しそうな実の持ち主などの撮影をする。

久しぶりの実家

妹たちのいなくなった実家では、食事など私の面倒をみる者がいないことをパパとママは案じる。余計な気を遣わせるだけなので、村にいるあいだハイサムの家に寝起きしていた。

実家を訪ねると、玄関先のポーチのソファーで暗がりのなかパパがひとりで煙草を吸っていた。家にはほかに誰もいない。見えなくなった目で、わずかな光を頼りに、あまりすることもなく煙草を吸って一日をやり過ごすパパの暮らしもまた忍耐なのだろう。

しばらくしてサブリーンがやってきてパパと私にご飯を作ってくれ、ムハンマドが仕事から、ママとハムディも病院から帰ってきた。もうしばらくすると、長女でパパと先妻のあいだの子であるイクティハールが五人の子どもを連れて里帰りした。「しばらく会っていないあいだにまた子どもが増えたね」と彼女に声をかけると、「このうち私が産んだ子はミカも昔会っているこの三人で、こっちの二人は第三夫人の子」と笑う。イクティハールは資産家の夫の第二夫人で、夫には彼女のほかに妻がふたりいる。イクラームと夫のムハンマド、ムスタファ、ハミース、ヘルミー兄弟も家に集い一気に賑やかになる。最初にこの家に居候をはじめたころを思い出す。かつてはつねにこんなふうに賑わいのある家だった。

ハムディが「ちょっとこのスペシャルブレンドティーを飲んでみて」といろいろなハーブをまぜたお茶を淹れてくれる。ママの透析を待つあいだラマッラーの苗木屋さんで買ってきたといういくつもの豆や野菜の種などを見せてくれ、「明日は畑にこれらを植えるからミカも手伝ってよ」という。

ハムディはドイツから帰国して以来「俺はパレスチナで農民である自分を誇りに思う。土地に根ざした暮らしこそが最高の暮らしだとドイツに行ってみて思い知った。村で穫れた野菜の味わいの豊かさ、ドイツで食べる工場で大量生産されたかのような味のない野菜に驚いた。いまは半分大学生、半分農民」と話す。パパとママが視力を失ってから耕せなくなり荒れていた土地を整地して、ハムディが畑の手入れをするようになった。新たにさまざまなものの栽培にチャレンジしようとしている。ムスタファもハムディと一緒に畑を耕しながら、ヤギの飼育に精を出している。土地さえあれば作物が実る。家畜が育つ。そこには営みという希望がある。

ハイサムの涙

ハイサムの家では、連日、日替わりで幼い甥と姪たちが預けられていた。ハウラの弟ターレクの妻は妊娠八カ月で出血、母体が非常に危ういとのことで緊急入院した。入れ代わり立ち代わり、幼い甥と姪が「ハイサムの許可なく」預けられていくことに、ハイサムは連日怒りの声をあげた。しかし事情をハウラから聞いていると、やむを得ない事情ばかり。とうとうハウラに同情した私にまでハイサムの怒りの矛先は向かい、私とハイサムまで大喧嘩になる。ハウラは寝室で泣き続ける。これならパパとママにどれだけ気を遣わせてしまおうとも、実家に戻った方がいいと思いはじめた。日中ハムディとムハンマドはほとんど不在。そのため、私が実家に戻ることを強くハイサムに反対され続けてきたが、この家を出ようと考える。

ハイサムとハウラの諍いも、板ばさみになった私への八つ当たりも、ここ二年ほどはとくにひどい。親しくなればなるほど遠慮がなくなるのはわかるが、日々八つ当たりのサンドバッグにされるのも我慢の限界。「ミカはなにもわかっていない」のひとことですべての議論を打ち切られる。そんなハイサムの一面、家族と私以外には決して見せないその一面を「親しさの証」だと許容できる度量は私にはなかった。

家を出ることを決めて、キャビネットから荷物を取りだしてカバンに詰めた。ハイサムはひとりで黙ってPCに向かい、カルミーが亡くなったときの写真をスクリーンに映し出していた。

突然「ミカ、カルミーの死に顔は醜いか?」と震える声で私にたずねた。その瞬間ハイサムへの怒りがスーッと消えていった。「カルミーが醜かったことなんて一度もないよ」と、ハイサムの横に立ち答えた。ハイサムは声をあげて泣きはじめた。そんな彼の姿を目にするのは初めてだった。ハイサムを抱きしめた。私の腕のなかで肩を震わせながら泣く彼の心の傷の大きさにあらためて気づく。言い争いばかりが続くふたりの喪失と心の傷の大きさをわかっていながら、ふたりの心の傷を受け止めてあげることができない自分の小ささにも。

そのとき、ムハンマドが外から帰ってきた。ハイサムの涙をみて動揺するムハンマド。「パパどうしたの？」「ミカ、パパになにがあったの？」と聞く。私はなにも答えられず、ハイサムは「なんでもない」と答える。ムハンマドは賢い少年だ。父親の心の傷を察している。やわらかく微笑みながらハイサムに近寄り、父親を抱きしめ、黙ってその頬にキスをする。ムハンマドの聡明さが一家の希望。その微笑みに私は少し安心した。

ハイサムはいつも強いふりをする。その表面的な強さに騙されて、誰も彼の内面のもろさを理解してあげられていない。もちろん私も含めて。私はこの日のハイサムの涙を一生忘れないだろう。

翌朝、家出をしようとカバンに詰めた荷物をキャビネットに戻した。泣きはらした目のハウラにも、ハイサムの涙のことは言えなかった。夫妻は、カルミーを喪ったお互いの心の傷に向き合って支え合っていくしかない。しかしふたりにとっては、まだ辛すぎることなのだろう。「男だから強くあらねばならない。強く家族を守らなければならない」という考えでがんじがらめになったハイサムが一番弱さを見せられない相手は、一番身近な家族。弱さを隠すために心に鎧をつけて、ストレスを増大させ、怒鳴り散らすことで「弱さ」を受け入れてもらおう、甘えようとするハイサムの真意をはかりかね、振り回されているハウラの姿を見ると途方に暮れてしまう。素直に真意を話しあって甘えられればきっと解決するはずなのに。

諍い

ビリンを発つ日が近づいてきた。ハイサムとハウラのふたりの怒鳴り合いを横目に、この家に置いていくものと持ち帰るものを分けながら荷造りをする。

ジェニンから持ち帰ったハムザの「殉教者ステッカー」を、日本に持ち帰る本のあいだに挟むのを見たハイサムがまた私を罵る。「本当にどこまでバカなんだ。こんなステッカーを持っているのを荷物検査でみつかったら、もう二度とパレスチナには戻ってこられないことが決定だぞ。これは俺が預かる。絶対に持って帰るな。なにが書かれているのかわかっていて持ち帰るのもバカだし、わからないで持ち帰ろうとしているのなら、なおさら救いようのないバカだ」と嘲笑する。言われなくてもわかっている。ハムザは最期ハマースの戦闘員として射殺された。それを顕彰しているステッカーの意味することは重々承知している。どのみち、調べようと思えば、このステッカーを持っていようがいまいが、私のしてきたことはジェニンでの最後の一件も含めて当局には筒抜けだ。それが「占領者の法」であれ、その法を犯すことはなにひとつしていない。ただパレスチナに来て、パレスチナの人びとと共に過ごしているだけ。

そんなことはハイサムにだってわかっている。心配してくれていることもわかっている。しかしハイサムの言い方に、言葉尻に私は反発する。「ハムザは私もよく知る『弟』たちの大切な友だちだった。その思い出の品を持ち帰りたいと思うことが、そんなにバカ呼ばわりされること？　みつかったときには、どういうことになるかなんてわかっているよ。どっちみち、こんなものみつからなくたって、パレスチナにいる外国人がどこでなにをしているかなんて、すべてむこうはお見通しだよ。なにもわかっていないとか、バカだとか言われるのは、もううんざりなんだよ。放っておいてよ」と、私までハイサムと怒鳴り合いをはじめてしまう。それをハウラが心配そうにみつめる。

きっと、私たちは「近づき」過ぎたのだろうと思う。なんでも言い合えるということと、無遠慮にぶつけ合うというのは似ているようで違う。気遣いや思いやりを忘れた人間関係は崩壊する。私たちの関係はこのころ崩壊寸前だった。ハイサムやハウラがストレスのはけ口としてぶつけてくるものを、私には受け止める余裕がなかった。笑って受け流す余裕もなかった。それが、彼らの私に対する甘えだとわかってはいても、彼らを甘えさせられる心の余裕や器の大きさが、私には備わっていなかった。

「ジェニンでのミカの行動、人間関係がどういうものかは俺にはわからないけれど、とても危うい気がしてならない」とハイサムが言う。きっと、そのとおりなのだろう。

ビリンではハイサムにいつも守られてきた。ハムディがドイツへと発ってからは、なおさらそれが強くなった。ビリンで過ごせば過ごすほど、ハイサムの庇護下で、彼のアイディアにのっとって行動し、そのコントロール下で私の行動が決まっていくような気がしてならなかった。だからこそ撮れたものもあり、知ることができたこともあり、なによりつねに私の身は案じられ、快適に無事に過ごせていたのだが。私はそのことを気詰まりに感じるようになってきた。そして、そう感じれば感じるほど、多くの時間をジェニン難民キャンプで過ごすようにもなっていた。まるでハイサムのコントロールから逃れるように。ジェニン難民キャンプの一家は誰も私をコントロールしなかった。いい意味で「放っておいて」くれた。たとえ「道を誤る」危険があろうとも、命さえ奪われないかぎり、私は「失敗する自由」を渇望していた。ハイサムはまるで「失敗を許さない厳格な父親」のようだった。その息苦しさに耐えられなかった。そしてハイサムは私の「失敗」を心配するあまり「バカ」「おまえはなにもわかっていない」と罵るようになった。私にはそのこともまた耐え難かった。たとえ心配してくれているからこその言葉であっても。

ハイサムの家から逃げるように実家へ向かった。思えば、実家でも妹たちといくつもの諍いはあったものの、ここまで深刻なものではなかったよなと苦笑した。妹たちとは子どもの喧嘩と同じレベルだった。でもハイサムとはそんな軽々しいレベルの話ではない。友として大切に思い、お互いに強い愛情があればこそなおさらだ。

六度目の別れ

パパとママのもとには、ハミース一家とイルハーム一家が来ていた。寒いので小さな電気ストーブをつけて寝室に横になるママと、ママのかたわらに腰かけ煙草を吸い続けるパパ。「透析をした日は体力を使い果たして疲れ切るからか、その日だけは眠れる。翌日はまた体中の痛みで眠れない。その翌日、三日目ともなると血がまったく体を巡らず耐え難いほどの体の痛みに襲われる。痛みに耐えるだけの長い一日。そしてまた透析をして、同じことの繰り返しが続く。どうして神様は私をこんな状態で生かしておかれるのか。この試練にどんな意味をお与えになっているのか」とママが嘆く。

「目も見えなくなって、子どもたちの世話になるしかなくなった。誰かの手を借りずにはなにもできなくて、病気で子どもたちに負担をかけることしかできないことが辛い。こんな体ではハムディとムハンマドのために結婚の準備もなにもしてやれない。してやれないどころか、あの子たちには負担をかけることとしかしていない。本当にそれが申しわけない。せっかくミカがこうやって『帰って』きてくれているのにお茶を淹れてあげることもできない」とママが泣く。光を失って焦点の定まらない瞳からこぼれる涙をみるたびに、ママを元気だったころに戻してあげたい、あのころに戻りたいと思う。鼻歌を唄いながら放牧に出かけ、ヤギの赤ちゃんを頭上の籠に乗せて畑へと出かけていたママの姿を思い出す。決して取り戻すことのできない日々。

それでも夜がふけるにつれて、私との別れのときを意識したママはつとめて明るくふるまおうとしてくれているのがわかる。「ママ、いつものようになにか歌ってよ」と頼むと、即興の「ミカの幸せを願う唄」を歌ってくれる。それをパパが声も出さずに笑みを浮かべて聞いている。何百回同じような夜を過ごしても、飽きることのない愛しい時間。

翌朝発つこと、最後の夜はハイサムとハウラの家で過ごすことは告げてあった。ムスタファが夜の仕事に行く途中「車で送るよ」と迎えに来てくれ、それが合図となった。パパとママに別れを告げた。こんな場面ももう六度目だ。何度繰り返しても慣れることがない。「来年ミカが帰ってくるころには私はもうこの世にいないよ。これが今生での最後の別れになるね」とママが泣く。「そのセリフ毎年聞いているよ。インシャアッラー、ヘイル（好転しますように）」。このときばかりは、信心のない私も本気で神を思う。ママに「薬代に使ってね」とわずかな紙幣の包みを握らせる。六度目は拒まれることも、突き返されることもなかった。「いつも気遣ってくれてありがとう」とママは私の手を強く握った。パパにも別れを告げる。「インシャアッラー（神様が望めば）来年また」とパパが言葉をかけてくれる。部屋でＰＣに向かっていたハムディにも別れを告げる。いつものように強く抱きしめ合って別れる。以前と違うのは、また会えることをお互いに信じているから、ちょっとのあいだのお別れという軽いノリで別れられること。五年半の年月が経ち、この家に戻ってくることが「当たり前」になった証拠。「また来年」を信じられるひととの別れと、それを信じることのできないひととの別れの重みの違いを感じる。ママとの別れは年々感傷的になっていく。

翌朝、ハウラが早起きをして、私がいちばん好きなムサッハンを作ってくれる。焼いてくれたケーキとムサッハンを包んでカバンに入れて重い腰をあげる。明け方まで起きていたのでまだ眠っているハイサムを起こして抱きしめ合い、ハウラともムハンマドとも抱きしめ合い別れを告げる。「またね」

と手を振ってセルビスに乗り込む。車に乗ったとたんバケツをひっくり返したような大雨が降ってきた。

兄弟の昔の写真（2000年ごろ撮影）、前方一番左がサリーム、右端からお揃いの服を着たジュジュ、カマール、ムハンマド（ジェニン難民キャンプ、2014年）

かまどでパンを焼く（ナーブルス、2014年）

ヘルバウィーのクフィーヤ工場（ヘブロン、2014年）

エピローグ

二〇一六年九月末、ジェニン難民キャンプの弟カマールが二八歳の誕生日を迎えた。お祝いのメッセージを送るとすぐに返事があった。今年も無事にひとつ齢を重ねることができた。「たったそれだけ」のことなのに、弟たちの誕生日にお祝いの言葉を送るたび、今年もこの日を迎えられたことに安堵するような自分がいる。同じころ「ノーベル平和賞を受賞」したシモン・ペレス前大統領死去のニュースが流れた。

二〇一二年パレスチナは国連総会で投票権のないオブザーバー国家として承認された。前年のユネスコ加盟も大きなニュースとなり、二〇一五年には国際刑事裁判所へオブザーバー国家として正式加盟も果たし、イスラエルの入植活動や度重なる軍事行動追及への道を開いた。EUでもスウェーデンはパレスチナを国家として承認し、イギリス下院でも承認決議がなされた。これらの国々の政治家のなかには、実際にパレスチナにも足を運び、ビリンのデモに参加したりする人もいる。これらのことが、どれほどパレスチナの人びとを励まし、力づけてきたことか。かつてゴルダ・メイア首相が「パレスチナ人など存在しない」と言ったことを思い出すと、亀の歩みのような進展であっても、隔世の感がある。

先日、二〇一三年にアラブ版スター誕生番組『アラブアイドル』で優勝したガザ出身の歌手ムハンマド・アッサーフの半生を『パラダイス・ナウ』『オマールの壁』監督ハニー・アブーアサドが映画化した『歌声にのった少年』の日本での公開がはじまった。この映画は破壊されたガザでもロケがおこなわれ「何千人というひとがここで亡くなり死の匂いが立ち込める場所にカメラを担いで立っていることに罪悪感を感じた」「他人のとてもつらい物語を、自分のストーリーテリングに利用していることに伴う恥の感覚」と監督は語った（シネマトゥデイ、九月二二日より）。監督はナザレ出身のイスラエル国籍をもつパレスチナ人。私はふと、二二〇〇人以上が殺された二〇一四年夏のガザへの軍事侵攻と空爆のさなか、爆撃と停電のあいまのわずかな時間に「私は、もう疲れたと感じたり、泣きだしたくなったり、ベッドに倒れこみたくなったり、すべてが終わるまで眠っていたくなったりするとき、たまらなく罪の意識を感じる。だって私の家族はまだ殺されていないし、家も爆撃されていないし、私自身怪我もしていないし、生きているから」と心情を吐露したガザの女性の言葉を思い出した。彼らが感じる必要のない不条理な罪悪感を強いているのは、七〇年変わらぬ世界の無関心と無策としか言いようがない。

とはいえ、この映画はパレスチナの「声」を届ける、希望を描いた物語。どんな場所にも夢や希望が必要であること、そのためにひとりひとりが勇気を出して行動しなければならないことをムハンマド青年は教えてくれる。

また、プロローグに登場したガザの「友人」ホサームはプロのカメラマン。彼と同じ通信社で仕事をする西岸地区の彼の同僚である友人を介して「出会った」。ホサームはガザの美しい風景、人びとの営みを記録し続ける。二〇一四年の攻撃のさなかでさえ、避難所となった学校で新たに誕生した命をみんなで祝う、瓦礫のなかでロウソクを灯して一家で食事を囲む、そんな写真を発表し続けた。いまでも毎日のように彼からはそんな写真が届く。彼もまた、どんな苛酷な状況下におかれても、そこには希望があり、ひとには希望が必要であることを教えてくれる。それを撮り続ける彼の写真からは「ガザの写真家の矜持」のようなものを感じる。

ビリン村では今年の二月、「返還」された土地を丹念に耕し続けてきたアハマドの畑が、作物ごと車両で踏み潰され、作業小屋や貯水タンクが破壊された。二〇一四年にその農地を約三年ぶりに訪ねたときには、整然と並ぶ畑の畝にいくつもの種類の農作物が実り、農地にまくための水を引き、作業のあいまに休んだり客を迎えたりする小屋をつくりあげていた。以前アハマドは「土地に根ざした暮らしを取り戻したい」と話したが、そのときには賃金を得るために外に働きに行く回数を減らして畑で過ごす時間を増やし、作った農作物を売って生活をしていることを嬉しそうに話していた。すぐさま長男のムハンマドはその破壊された農地に「俺たちはなにがあってもここにとどまり続ける」とパレスチナの旗を掲げた。九月アブーラシードの畑も同様の被害を受けた。アブーラシードの畑の破壊は軍令によるもので「安全保障上の理由」としか説明がなされていないという。兵士の夜間侵入も、根拠も不明な私有物の没収も、村のリーダーたちへの「扇動罪」での収監や裁判も変わらず続いている。

二〇一五年から続く「一匹狼の襲撃事件」とその「犯人」へのその場での「超法規的処刑」が一年たったいまでも続いている。その意図がなくともそのように「みなされて」その場で射殺されたケースも多々ある。また、その意図があったひとは、殺されることを覚悟で武装した兵士にナイフやねじ回しで向かっている。彼らの心中にあったものはなんなのかということを突きつけられる。検問所に囲まれ、入植者との距離の近いヘブロンでは、昨年一〇月以降約一年間で三〇人以上が「超法規的処刑」により殺されている。また、イスラエル国内では、アラブ人と間違えられて殺されたエリトリア人、間違えられて襲われたイスラエル人の事件も報じられた。身の危険を感じたイエメンにルーツをもつイスラエル人のなかには「安心して、僕は（パレスチナ人ではなく）イエメン系」とヘブライ語で書いたTシャツを着用した。「ユダヤ人のためのイスラエル」という国づくりの矛盾と悲劇が表出している。

「一匹狼」の事件も、度重なるガザ地区への空爆、軍事侵攻も、「パレスチナ人がナイフで襲ってきた」「パレスチナ武装組織がロケットを撃ってきた」というところから必ずニュースがはじまる。それまでの日々にパレスチナの人びとが日常的に苦しめられている常態化した占領も封鎖も抑圧も人権侵害も語られず、まるで突然発生した事柄のように語られる。このことが、ことの本質を見えにくくさせている。だからこそ、私はパレスチナの日常を追うことにこだわり続ける。

パレスチナに通い、人びとの声に耳を傾け、記録を続けることが、なにになるのかは、いまの私にはわからない。一生みつけることができない答えなのかもしれない。それでも、いつか封鎖や占領がなくなりパレスチナの人びとが誰からも権利を阻害されることなく自由に生きられること、難民となった人びとにしかるべき補償がきちんとなされること、そのうえで「和平」が実現することだけは信じて、自分が受け継いだバトンを次の世代に繋いでいきたい。パレスチナで出会った多くの人びとが、たんたんと、そのように自分の役割をみつめて生きているように。

たとえ無力だとわかっていても、なにかをせずにはいられない、その衝動だけは、いまも昔も変わらないような気がする。その衝動に突き動かされて、私はまた彼らに会いに足を運ぶ。

プロローグで書いたゲバラ、マルコス、キャパ以上に、十代のころからずっと「憧れのヒーロー」だったのは写真家の長倉洋海さんだ。世界中の人びとの生きる姿を伝える長倉さんの写真に出会わなければ、決していまの自分はなかった。私が長倉さんの背中に追いつける日は一生来ないけれど、遠くにその背中を見つめながら、これからも自分の道を進みたい。さりげなく気にかけ、励ましてくださることにいつも感謝しています。

私の盟友であり、同志であるイスラエル在住のガリコ美恵子さん、現地でお世話になったすべてのひと、とくにビリン村のハイサムとハムディの一家、私にもうひとつの「帰るべき場所」を与えてくれたジェニンのアワード一家のみんなに熱い抱擁を。

記録を重ねるばかりで、いっこうに「どのようなカタチにしたいのか」という核心をつかみ切れない私を叱咤激励しながら、前作に続き、拙い記録を読み解き、掘り起こし、道筋を示し、伴走してくださった編集者の天野みかさんにとびきりの感謝の気持ちをお伝えしたいです。また、このたびも素敵な装幀を施してくださった浅井充志さんにも心よりお礼を申し上げます。

そして誰よりも、私を理解し、応援し続けてくれている両親、父・美喜男、母・裕子、困難ななかも理解、忍耐、包容、激励のすべての方法で支え続けてくれている夫の耕治に心からの「ありがとう」を。

ハイサムもハムディも今日も元気に現地から発信を続けている。そして、最近ハムディから送られてきた写真には、彼自身が試行錯誤しながら育てた多くの農作物が実った畑で誇らしげに微笑む彼が写っていた。

天国のカルミー、イマード、マジド、ハムザ、私はあなたたちのことを、絶対に忘れないよ。この本を彼らに捧げます。

To the memory of my beloved friends, Karme, Imad, Majid and Hamza.

二〇一六年一〇月

高橋美香

参考文献・WEB
・パレスチナの平和を考える会　http://palestine-forum.org/
・Facts abaut Jordan Valley Solidarity（JVSの冊子・発行年不明／WEBにてPDF公開）
・UN OCHA Humanitarian Atlas West Bank&Gaza Strip（2011）
・『イスラエル』臼杵陽著、岩波新書、二〇〇九年
・『イスラエルとは何か』ヤコヴ・M・ラブキン著、菅野賢治訳、平凡社新書、二〇一二年
・『世界史の中のパレスチナ問題』臼杵陽著、講談社現代新書、二〇一三年
・『パレスチナを知るための60章』臼杵陽・鈴木啓之編著、明石書店、二〇一六年

＊初出について
「エルサレムの片隅で生きる」「ハムディの告白」は「未来」二〇一四年一月号〜六月号連載「オリーブの季節にパレスチナを歩いて」を加筆修正したもの。

そのほかはすべて書き下ろし。

【著者略歴】

高橋美香（たかはし みか）

写真家。1974年広島生まれ。

パレスチナ、エジプト、アフガニスタン、彫刻家・金城実氏や、沖縄、震災被災地の宮古などで「困難」と闘う人々の日常を主なテーマとして撮影、作品を発表。アフガニスタン山の学校支援の会運営委員。

著書『パレスチナ・そこにある日常』（未來社）、写真集『ボクラ（Bokra）・明日、パレスチナで』（ビーナイス）。

http://blogs.yahoo.co.jp/mikairvmest/

それでもパレスチナに木を植える
二〇一六年一一月三〇日　初版第一刷発行

定価――本体二〇〇〇円＋税
著者――高橋美香
発行者――西谷能英
発行所――株式会社　未來社
〒一一二―〇〇〇二東京都文京区小石川三―七―二
電話〇三―三八一四―五五二一（代）
振替〇〇一七〇―三―八七三八五
http://www.miraisha.co.jp/
Email: info@miraisha.co.jp
装幀――浅井充志
印刷・製本――萩原印刷
組版――フレックスアート

ISBN978-4-624-41102-2 C0036

パレスチナ・そこにある日常
高橋美香 著・写真

戦闘や犠牲の一面だけじゃない。そこには笑顔も夢もある。私たちと同じ「生活」がある。ガザ、エルサレム、ナーブルス、ラマッラー、そしてビリン……パレスチナに生きる人びとのありのままの日常を伝えるルポルタージュ。写真カラー＆モノクロ95点。

二〇〇〇円

大城弘明写真集　鎮魂の地図
大城弘明 写真／仲里効 解説／大城藤六 エッセイ

〔沖縄戦・一家全滅の屋敷跡を訪ねて〕日本で唯一の地上戦の戦場となった沖縄戦の悲惨な記憶の一側面を記録としてとどめるべく、沖縄報道写真界の実力者が一貫して撮りつづけてきた糸満市の「チネードーリ」（一家全滅）の屋敷跡の写真98点。

二八〇〇円

豊里友行写真集　オキナワンブルー
豊里友行 写真／樋口健二 跋文／仲里効 解説

〔抗う海と集魂の唄〕普天間基地移転を盾にとって沖縄県名護市辺野古沿岸に米軍の新基地建設をもくろむ日米両政府の策動に抗して、オール沖縄として立ち上がった市民の抗議活動を激写する沖縄期待の若手写真家による初の本格的な写真集。

三八〇〇円

沖縄写真家シリーズ　琉球烈像《全9巻》

1　山田實『故郷は戦場だった』／2　比嘉康雄『情民』／3　伊志嶺隆『光と陰の島』／4　大城弘明『地図にない村』／5　石川真生『FENCES, OKINAWA』／6　嘉納辰彦『旅するシマ』／7　森口豁『さよならアメリカ』／8　中平卓馬『沖縄・奄美・吐噶喇 1974–1978』／9　東松照明『camp OKINAWA』

三八〇〇～五八〇〇円

〔消費税別〕